DIETER HORNEMANN

MIT DER ERDE ATMEN LERNEN

DIETER HORNEMANN

MIT DER ERDE ATMEN LERNEN

EINE HINFÜHRUNG ZU RUDOLF STEINERS SEELENKALENDER

URACHHAUS

ISBN 978-3-8251-7947-2

1. Auflage dieser Ausgabe 2024
Erschienen im Verlag Urachhaus
www.urachhaus.de

Erstmals erschienen 1997

Umschlaggestaltung: Ursula Weismann
Umschlagabbildung: © plainpicture / amanaimages
Gesamtherstellung: CPI Clausen & Bosse GmbH, Leck

MIX Papier | Fördert gute Waldnutzung FSC® C083411

INHALT

VORWORT ZUR JUBILÄUMSAUSGABE

Rudolf Steiner hat mit dem anthroposophischen Seelenkalender ein erstaunliches Kunstwerk geschaffen. Dieses Staunen wächst mit eingehender Beschäftigung immer weiter. Am Anfang versteht man ja herzlich wenig von den Sprüchen. Ich erinnere mich gut an die ersten Begegnungen, daran, wie seltsam es war, zu hören und nichts zu verstehen. Im Lauf der Jahre zeigten sich mehr und mehr durch die Sprüche angeregte Gedanken. Es ist weniger eine Information, die zu verstehen wäre, als vielmehr eine seelische Erweiterung des Gedankenraumes, die ein Verständnis für Mensch und Welt fördern kann. Die Sprüche stehen in Beziehung zur Welt als Ganzes, der ich mit meinem Seelenleben angehöre und kraft meines Mitvollzugs zunehmend zur Offenbarung verhelfen kann. Zur Anregung der Gedanken gesellt sich eine große Bewunderung für die Schönheit dieses Wort-Kunstwerkes hinzu. Es bietet ein unerschöpfliches Feld für eigene Entdeckungen.
Rudolf Steiners Ehefrau Marie schrieb ihm zu seinem 61. Geburtstag: »Du, ein geborener Künstler ...« Sie erkannte hier ein Signum seines wahren Wesens. Es steht der Menschheit noch bevor, zu entdecken, welch großer und umfassender Künstler da gewirkt hat. Sein Werk ist dazu angelegt, Gut der ganzen Menschheit zu sein. Aus dieser Kunst können wir Kraft für die Seele schöpfen. Hierzu möchte dieses Buch beitragen, das nun in einer weiteren Auflage erscheinen kann.

Bernau am Chiemsee, Frühling 2015 Dieter Hornemann

VORWORT ZUR 1. AUFLAGE

LEBEN MIT DEM JAHRESLAUF

Wer erinnerte sich nicht daran, wie viel ihm als Kind die Verschiedenheit der Jahreszeiten bedeutete? Welcher Jubel, wenn der erste Schnee fiel. Und wenn er dann liegen blieb, wie schön war es, dick vermummt mit den Freunden Schlitten zu fahren. Oder man musste plötzlich mitten im Winter an den Sommer denken und erglühte in Vorfreude. Wie wird es sein, wenn ich wieder baden gehen kann, wenn die Vögel allenthalben singen und die roten, gelben, blauen Blumen leuchten? So lebte die kindliche Seele ganz hingegeben an die jeweilige Jahreszeit. Und ein Jahr - von Weihnachten bis Weihnachten - erschien einem unendlich lang zu sein.

Wie abstrakt ist dagegen unser Verhältnis zu den Jahreszeiten im späteren Leben geworden. In modernen Berufen - den ganzen Tag im künstlichen Licht, in klimatisierten Räumen - merken wir oft nicht einmal mehr, in welcher Zeit des Jahres wir leben. Das aber macht uns seelisch arm. Wir verlieren den lebendigen Zusammenhang mit dem Leben der Erde.

Einen solchen Zusammenhang auf bewusste Weise wiederzugewinnen, dafür sollen diese Zeilen von Woche zu Woche eine Anregung geben. Sie sind hervorgegangen aus der Beschäftigung mit dem Anthroposophischen Seelenkalender, einer Sammlung von Meditationssprüchen von Rudolf Steiner aus dem Jahr 1912/13. Diese Sprüche sollen in keiner Weise ausgedeutet werden. Es soll ein Motiv, das durch sie angeregt wurde, bewegt werden, als Hinleitung zum Meditationsspruch.

Dabei kommt es weniger auf einen erkenntnismäßigen Zugang an als auf das seelische Mitempfinden des Jahreslaufes, wonach ja die Seele ein Verlangen trägt, »wenn sie sich nur selbst recht versteht«.[1]

Stuttgart, im November 1996 — Dieter Hornemann

HINFÜHRUNG ZU DEN WOCHENSPRÜCHEN

OSTERWOCHE

Ostern ist ein Fest der Morgenfrühe.
Die drei Frauen gingen zum Grab, als im Westen der fast noch volle Mond stand und im Osten die Sonne sich gerade zum Aufgehen schickte. Eine Waage ist im Gleichgewicht in ihrer sensibelsten Stellung. So ist die Gleichgewichtslage zwischen Sonne und Mond, den beiden großen Weltpolaritäten, die Voraussetzung für Ostern. Sie tritt ein am Tag der Sonne in der Gleichgewichtslage zwischen Nacht und Tag in der sensiblen Morgenstunde. Was aber geschieht?
Der Leichnam Jesu war in das Grab gelegt worden. Er war bis in die Tiefen des Stoffes vom göttlichen Sonnenwesen Christi durchgeistigt. Er war vom Feuer des Geistes von innen her verbrannt. So wurde er in kürzester Zeit zu Staub. Der Ätherleib aber, der sonst beim Menschen sich nach drei Tagen auflöst, verdichtete sich und nahm die Gestaltungskräfte des irdischen Leibes in sich auf.
Jesus erschien den Jüngern nicht nur als verstorbene Seele. Aus dem Grab erhob sich der vergeistigte Leib, der Vollmacht hat über die physischen Gesetze. So konnte er in den verschiedensten Gestalten erscheinen und wieder entschwinden, konnte essen und konnte sogar berührt werden.
Das hat eine unermessliche Bedeutung für uns Menschen - aber auch für die Erde. Davon wird noch die Rede sein.
Der Wochenspruch Rudolf Steiners trägt die Überschrift *Oster-Stimmung*.

■ Wenn aus den Weltenweiten
Die Sonne spricht zum Menschensinn
Und Freude aus den Seelentiefen
Dem Licht sich eint im Schauen,
Dann ziehen aus der Selbstheit Hülle
Gedanken in die Raumesfernen
Und binden dumpf
Des Menschen Wesen an des Geistes Sein.

ERSTE APRIL-WOCHE

Die Bedeutung des Ereignisses der Auferstehung für die Erde als großes Wesen soll heute angeschaut werden. Die Erde hat, wie auch der Mensch, eine differenzierte übersinnliche Aura. In ihr leuchten ihre Seelenstimmungen und Lebenszustände in mannigfaltigen Farb- und Lichterscheinungen.

Als nun das durchgeistigte Blut Jesu aus den Wunden floss, teilte sich der Erde etwas mit, was ihre Aura veränderte. Ein Goldton ist hinzugekommen, der den im Kosmos einzigartigen blauen Planeten noch einzigartiger werden lässt. Die Erde ist seit der Auferstehung nicht mehr dieselbe. War doch der Leib Jesu ein Teil ihrer selbst. Er ist von der Sonnenwesenheit Christi verwandelt worden und gibt der Erde einen Zukunftskeim. Die Pflanze bildet im Samen etwas, was zwar äußerlich klein ist, aber doch mehr in sich enthält als die ausgebreiteten Stengel und Blätter. So hat auch die Erde durch die Christustat und ihr Fortwirken etwas in sich, was ihr eine Zukunftsaussicht eröffnet.

Rudolf Steiners *Seelenkalender* beginnt mit der ersten April-Woche. Liegt Ostern früher oder später, dehnen oder verkürzen wir die folgenden Wochen, so dass wir Ende April, Anfang Mai wieder übereinstimmen.

■ Wenn aus den Weltenweiten
Die Sonne spricht zum Menschensinn
Und Freude aus den Seelentiefen
Dem Licht sich eint im Schauen,
Dann ziehen aus der Selbstheit Hülle
Gedanken in die Raumesfernen
Und binden dumpf
Des Menschen Wesen an des Geistes Sein.

ZWEITE APRIL-WOCHE

Es ist gar nicht leicht, sich lebendig an die frühe Kindheit zurückzuerinnern. Wie war mein Welterleben damals? Schon dass man so klein war, ist von Bedeutung. Denn alles um einen her war gewaltig groß. Ein Garten, in dem man gespielt hat, erscheint in der Erinnerung sehr groß. Sieht man ihn als Erwachsener wieder, so erstaunt man, wie klein er ist.

Aber nicht nur groß waren die Grashalme, die Büsche, die Bäume; alles war auch so unendlich geheimnisvoll. Das Welterleben war noch durchtränkt von Gotteserleben.

Im Märchen von Dornröschen heißt es, das Mädchen stach sich an ihrem 15. Geburtstag im Turmstübchen an der Spindel, worauf es und alle Bewohner des Schlosses in tiefen Schlaf fielen. Erst als der helfende Königssohn von außen die Dornenhecken durchdrang, war die Rettung da.

Im Heranwachsen steigen wir alle ins »Turmstübchen«, ins Verstandesleben im Kopf und fallen für das Gotteserleben mehr und mehr in Schlaf. Bis der Königssohn, der Gottessohn an uns herankommen kann.

Die Winterzeit hat uns in unser Eigenleben geführt. Jetzt sollen wir uns der Welt wieder zuwenden.

■ Ins Äußere des Sinnesalls
Verliert Gedankenmacht ihr Eigensein,
Es finden Geisteswelten
Den Menschensprossen wieder,
Der seinen Keim in ihnen,
Doch seine Seelenfrucht
In sich muss finden.

DRITTE APRIL-WOCHE

Das Wort »eigen« ist durchaus doppelsinnig. Einerseits sagen wir von einem Menschen, den wir bewundern, er habe etwas »Eigenes« zu bieten. Andererseits können wir auch von jemandem sagen: »Der ist etwas eigen.« Dann meinen wir, er sei etwas sonderbar. Das griechische Wort für »eigen«, »idios«, ist sogar zu unserem »Idiot« geworden. Wenn wir also einen anderen oder uns selbst als Idioten bezeichnen, heißt das »ein Eigener«.
Wir können gar nicht anders, als allerhand Eigenheiten im Laufe unseres Lebens zu entwickeln. Sie werden allzu leicht zu Fesseln, zu »Befangenheiten«. Aus ihrem Gefängnis befreien wir uns nur durch Hingabe an das, was wir nicht sind. Karl Rahner sagte: Liebe ist, sich an einen andern ganz wegzuwagen.
Die Schönheiten des aufsteigenden Jahres rufen uns dazu auf, uns von uns selbst wegzuwagen.

■ Es spricht zum Weltenall,
Sich selbst vergessend
Und seines Urstands eingedenk,
Des Menschen wachsend Ich:
In dir, befreiend mich
Aus meiner Eigenheiten Fessel,
Ergründe ich mein echtes Wesen.

VIERTE APRIL-WOCHE

Es gibt brillante Denker, die einem ausgezeichnet etwas darlegen können. Alles ist logisch zwingend. Wir kommen nicht gegen sie an. Aber irgendetwas bleibt unbehaglich. Ihrem Denken fehlt die Wärme.

Lernen wir sie besser kennen, so sehen wir: Was ihnen fehlt, ist die Hingabe an die Wahrnehmung. Kann ich nicht Andacht zum Kleinen haben, sei es ein Vogelgesang, ein Veilchen oder ein Lufthauch, der einen Baum bewegt, bleibe ich letztlich sozial unverträglich.

Die Frühlingswochen, in denen die Forsythienzeit in die Fliederzeit übergeht, in denen die leichten Quellwolken am Himmel schweben, sie können uns fromm werden lassen gegenüber der Schönheit der Welt. Dann aber können wir zur winterlichen Klarheit des Denkens die sommerliche Wärme der Empfindung hinzugewinnen. Erst das macht unser Denken menschlich.

■ Ich fühle Wesen meines Wesens:
So spricht Empfindung,
Die in der sonnerhellten Welt
Mit Lichtesfluten sich vereint;
Sie will dem Denken
Zur Klarheit Wärme schenken
Und Mensch und Welt
In Einheit fest verbinden.

ERSTE MAI-WOCHE

Wir sprechen vom Menschen und von der Menschheit. Im selben Sinne können wir von Göttern (oder Engeln, Erzengeln usw.) sprechen und von der Gottheit. Das muss kein Gegensatz sein.
Es ist ein materialistischer Aberglaube zu meinen, all die Herrlichkeiten der Natur um uns herum kämen von selbst zustande. Wir sehen die Taten schaffender Geister. Wir ahnen hinter der Vielfalt der Natur eine mannigfaltige Welt des Geistes.
Wir sprechen seit etwa fünfundzwanzig Jahren viel vom Umweltschutz. Schon in dem Wort zeigt sich das wahre Problem. Wir sehen die Naturreiche nur als »unsere Umwelt« an. Würden wir sie beseelt und durchgeistigt erleben, gäbe es keine »Umweltprobleme«.
Denn wer würde, um nur ein Beispiel zu nennen, die Stirn besitzen, all den Müll in den Rhein zu werfen, hätte er eine Wahrnehmung vom auch heute noch gelegentlich besungenen »Vater Rhein« im Sinne eines Wesens?
Ich will ein Beispiel aus unseren Tagen erzählen, das sich kürzlich zutrug. Ein australischer Geologe wurde in Sydney von einem Thailänder mit der Frage angesprochen, ob er bereit wäre, für ihn in Thailand eine Arbeit auszuführen. Sie fuhren in Thailand mit einem Jeep tief in den Dschungel. Schließlich gingen sie zu Fuß ein Stück bis zu einem uralten, mächtigen Baum. Ein Thai, der als Medium diente, brachte dem Baumgeist ein Opfer dar und fing an, mit veränderter Stimme zu sprechen: »Ihr habt den richtigen Menschen gefunden, ihr dürft an mir vorüber weitergehen.«

Ein Stück hinter dem Baum fanden sie eine an der Oberfläche liegende Kupfermine. Der Geologe untersuchte sie und begutachtete, ob es sich lohne, einen Tagebau anzufangen. Als sie zu dem Baum wieder zurückkamen, wurde die Prozedur wiederholt. Durch das Medium sprechend, erlaubte der Baumgeist ihnen, den Tagebau zu beginnen.

So etwas ist zwar ein Rest aus vergangenen Zeiten. Aber es zeigt uns, wohin wir in moderner Weise - ohne Medium - gelangen können, wenn wir wieder zu einem durchgeistigten Naturerleben vordringen. Wir sprächen nicht mehr im Allgemeinen vom Geist, sondern fänden die Taten konkreter geistiger Wesen in allem, was uns umgibt.

■ Im Lichte, das aus Geistestiefen
Im Raume fruchtbar webend
Der Götter Schaffen offenbart:
In ihm erscheint der Seele Wesen
Geweitet zu dem Weltensein
Und auferstanden
Aus enger Selbstheit Innenmacht.

ZWEITE MAI-WOCHE

»Wie finde ich mich selbst?« Dies ist eine Frage, die heute viele Menschen bewegt. Anders als in früheren Zeiten, in denen die Verhältnisse einfach und überschaubar waren, ist heute alles kompliziert. Das fängt schon bei der Frage der Berufsausbildung an. Fast schon zur Ausnahme geworden sind die Jugendlichen, die wissen, was sie werden wollen. Von denen, die es wissen, bekommen nur wenige den Ausbildungs- beziehungsweise Studienplatz, den sie brauchen. So verlängern sich für viele die Jugendjahre bis ans Ende der zwanziger Jahre, manche werden überhaupt nie recht erwachsen.

Es ist nun ein weit verbreiteter Irrtum, man könne sich selbst finden, indem man sich mehr mit sich selbst beschäftigt. Was ich da finde, ist nur mein egoistischer Doppelgänger. Wahrhaft mich selber finde ich nur, indem ich von mir absehen und die Welt immer tiefer verstehen lerne.

Denn der Mensch ist wie eine Zusammenfassung der Welt. Verbinde ich mich mit der Welt, verbinde ich mich in Wahrheit mit mir selbst. Die Welt beginnt aber zunächst mit meinen Mitmenschen. Das liegt bereits in dem alten Gebot: »Liebe deinen Nächsten als dich selbst.«[2] Das heißt, lerne immer stärker erleben, dass dein Nächster mit dir eins ist. Werde mit deinen Brüdern eins, dann wirst du mit dir selber eins.

Der *Seelenkalender* Rudolf Steiners will zu einem solchen Welterleben führen, das uns uns selbst immer besser finden lässt.

■ Es ist erstanden aus der Eigenheit
Mein Selbst und findet sich
Als Weltenoffenbarung
In Zeit- und Raumeskräften;
Die Welt, sie zeigt mir überall
Als göttlich Urbild
Des eignen Abbilds Wahrheit.

DRITTE MAI-WOCHE

»Wenn wir träumen, dass wir träumen, sind wir dem Erwachen nahe« (Novalis).

Unser Bewusstsein durchschreitet täglich die unterschiedlichsten Zustände. Vom tiefen, traumlosen Schlaf geht es durch die verschiedensten Traumzustände in das wache Tagesbewusstsein über.

Manchmal wird es uns mitten im Traum klar, dass es nur ein Traum ist. So kann uns auch im sogenannten Wachbewusstsein die Ahnung ankommen, dass es noch ein höheres Erwachen geben könnte.

Schauen wir einmal auf einen Waldrand hin. Da nimmt uns das geheimnisvolle Weben der verschiedensten Grüntöne ganz ein. Wir spüren, da ist noch etwas, das wir nicht sehen. Nun kommt es darauf an, bei einer solchen Ahnung verweilen und innehalten zu können. Sonst gleiten wir in Naturschwärmerei ab, verlieren uns in Gefühlsduselei. Halten wir die Ahnung fest, dann führt sie uns allmählich zu dem höheren Erwachen, das uns für die Welt der schaffenden Wesen sehend macht.

■ Mein Selbst, es drohet zu entfliehen,
Vom Weltenlichte mächtig angezogen;
Nun trete du mein Ahnen
In deine Rechte kräftig ein,
Ersetze mir des Denkens Macht,
Das in der Sinne Schein
Sich selbst verlieren will.

VIERTE MAI-WOCHE

Jeder Stadtbewohner freut sich, wenn er ab und zu in unverbrauchte Natur eintauchen darf. Wo es so still um einen herum ist, dass man die Stille hört. Wo die Wiesen, die Wälder eine richtige Augenweide sind.

Wir können daran erleben, wie uns das, was wir anschauen, anhören, mit unserem ganzen Menschen aufnehmen, richtig ernährt. Es gibt sich uns hin wie ein Stück gesundes Brot, das wir essen.

Und es ließe sich tatsächlich zeigen, dass unsere Sinneseindrücke einen ganz wesentlichen Anteil an unserer Ernährung haben.

In der Sommerzeit erfahren wir eine enorme Steigerung der Sinneswahrnehmungen. Wir können dankbar erleben, wie wir bis in unsere Gesundheit gestärkt werden und wie unser Ich-Gefühl neu angefacht wird. Andererseits führt das sommerliche Erleben uns auch in eine Einseitigkeit hinein. Unsere Hingabefähigkeit steigert sich. Wir werden von den Sinneseindrücken »eingenommen«, »hingerissen«. Die Fähigkeit des klaren, besonnenen Denkens vermindert sich in gleichem Maße. Wir können das eine nicht haben, ohne auf das andere weitgehend zu verzichten. Wie ein Pendel ausschwingt, um mit großer Kraft wieder zurückzukehren, so schwingt die mit der Erde atmende Seele zwischen den Polaritäten der Hingabe und der Eigentätigkeit. Im Sommer ist die Hingabe gefragt.

■ Es wächst der Sinne Macht
Im Bunde mit der Götter Schaffen,
Sie drückt des Denkens Kraft
Zur Traumes Dumpfheit mir herab.
Wenn göttlich Wesen
Sich meiner Seele einen will,
Muss menschlich Denken
Im Traumessein sich still bescheiden.

ERSTE JUNI-WOCHE

In uns lebt die Sehnsucht, von uns selbst loszukommen. Das Sprichwort sagt, keiner könne über seinen Schatten springen. Aber über ihn wenigstens kriechen können, das möchte man eben doch.
In Notsituationen geschieht es immer wieder, dass Menschen über sich selbst hinauswachsen. Sie zeigen plötzlich Fähigkeiten, die sie selbst nie für möglich gehalten hätten.
Da diese Sehnsucht, über uns hinauszuwachsen, so tief in uns lebt, kann sie natürlich auf verschiedenste Weise ausgenützt werden. Was wird uns alles vorgegaukelt, wo überall wir Helden sein könnten!
Der Jahreslauf hebt uns in der Zeit der höchsten Lichtentfaltung etwas über uns selbst hinaus. Dem dürfen wir uns anvertrauen. Unsere Hingabe an die Schönheiten der Natur wird ein Erstarken in uns selbst zur Folge haben. Überall gilt dies wie ein seelisches Grundgesetz: Nur wenn wir am Tag wirklich wach gewesen sind, können wir des Nachts tief schlafen. Nur wer wirklich ernst sein kann, hat auch echten Humor. Das Leben schwingt in Polaritäten. Seinen Bewegungen folgen, heißt wirklich leben.

■ Vergessend meine Willenseigenheit
Erfüllet Weltenwärme sommerkündend
Mir Geist und Seelenwesen;
Im Licht mich zu verlieren
Gebietet mir das Geistesschauen,
Und kraftvoll kündet Ahnung mir:
Verliere dich, um dich zu finden.

ZWEITE JUNI-WOCHE

Wir sprechen davon, dass wir unsere Gedanken und Empfindungen erheben können. Wir können die nach unten ziehenden Kräfte der Schwere überwinden. Dann geht eine Aufgabe, die wir zu erfüllen haben, plötzlich ganz leicht. Aber wir können ganz sicher sein: Ein für alle Mal lässt sich die innere Schwere nicht überwinden. Es muss immer wieder neu von uns geleistet werden. Aber die Kräfte der Überwindung wachsen.

Von alters her hat man die Zeit des Sonnenaufgangs als die eigentliche Gebetszeit angesehen. Denn wenn die Sonne sich erhebt, geht es fast wie von selbst, die Seele zu erheben.

Einmal im Jahr können wir uns ganz dem natürlichen Lauf anvertrauen. Wir brauchen nur mit einzusteigen in das, was draußen geschieht. Allerdings erleben wir in dieser Zeit auch stärker als sonst, wie sehr wir noch der Schwere verhaftet sind und eben nicht einsteigen können.

Der Spruch Rudolf Steiners für diese Woche lautet:

■ Zu sommerlichen Höhen
Erhebt der Sonne leuchtend Wesen sich,
Es nimmt mein menschlich Fühlen
In seine Raumesweiten mit,
Erahnend regt im Innern sich
Empfindung, dumpf mir kündend,
Erkennen wirst du einst:
Dich fühlte jetzt ein Gotteswesen.

DRITTE JUNI-WOCHE

Ein Kind fragte, warum die Frösche abends so quaken und nicht den Tag über. Dann beantwortete es die Frage gleich selbst und sagte: »Ach, ich weiß, die beten.«

Die Erdenmutter betet im Sommer und sie meditiert im Winter. Wir, ihre Kinder dürfen lernen, in ihr Beten und Sinnen einzustimmen.

Es ist etwas außerordentlich Schönes, an einem Sommerabend durch die Felder zu gehen. Grillen zirpen, man hört vielleicht eine Wachtel rufen, und in den Hecken schweben geheimnisvolle Glühwürmchen. Über uns der sommerliche Sternenhimmel. Wir fühlen, wie die Erde ganz dem Kosmos hingegeben ist. »Die Erde lauscht dem Himmel«, heißt es in einem bekannten Gedicht des russischen Dichters Lermontow.

Erleben wir die Erdenseele in ihrer sommerlichen Hingabe an die kosmischen Weiten! Wir dürfen in diese Hingabe einstimmen, uns eins fühlen mit allen Wesen der Naturreiche.

■ Es ist in dieser Sonnenstunde
An dir, die weise Kunde zu erkennen:
An Weltenschönheit hingegeben,
In dir dich fühlend zu durchleben:
Verlieren kann das Menschen-Ich
Und finden sich im Welten-Ich.

VIERTE JUNI-WOCHE

Wir haben uns zu sehr daran gewöhnt, die Welt unseren Wünschen unterzuordnen. Wir haben um unserer Annehmlichkeiten willen Flüsse begradigt, Sümpfe trocken gelegt, Wälder mit Autobahnen durchschnitten und Äcker in Flughäfen verwandelt.
Wir haben darüber ganz verlernt, das Wesen der Welt in seiner Schönheit zu bemerken.
Schönheit aber ist immer das Erglänzen des Geistes im Sinnlichen. Verlieren wir das Empfinden für die Schönheit, verlieren wir auch den Geist. Aber die Welt erschließt sich gar nicht dem trockenen, philiströsen Verstand. Damit können wir sie nur zerstören, wozu wir ja auf dem besten Wege sind.
Wir müssen mit künstlerischem Sinn auf die Welterscheinungen hinblicken lernen. Dann wird uns der Sinn für die Zusammenhänge aufgehen. Wir werden finden, wie jedes seinen Platz hat, wie eins das andere braucht. Der Weg zur Ökologie ist ein künstlerischer. Der kalte Verstand wird ihn nie gehen können. Uns müssen die Flügel wachsen, die uns die Überschau ermöglichen, wie sie für das Erkennen der großen Zusammenhänge nötig ist.
Der Genius des Johannes kann uns dabei zum Führer werden. Sein Wort: »Ändert den Sinn!« können wir auch so hören lernen: »Lernet eure Sinne gebrauchen, dass ihr die Schönheit der Welt entdeckt!«
Rudolf Steiner gibt diesem Wochenspruch die Überschrift *Johanni-Stimmung:*

■ Der Welten Schönheitsglanz,
Er zwinget mich aus Seelentiefen
Des Eigenlebens Götterkräfte
Zum Weltenfluge zu entbinden;
Mich selber zu verlassen,
Vertrauend nur mich suchend
In Weltenlicht und Weltenwärme.

ERSTE JULI-WOCHE

Die christliche Tradition stellt in die Zeit der Sonnenwende die Gestalt Johannes des Täufers. Im Jahreslauf Weihnachten gegenüber wird die Geburt des Johannes am 24. Juni gefeiert. Auf alten Darstellungen finden wir ihn manchmal mit Flügeln wie einen mächtigen Engel. Er steht da als Genius dieser Zeit, die ja auch eine Wende-Zeit ist.

Und so steht er da als der mahnende Rufer in der Wüste: »Ändert euren Sinn!«

Du Mensch darfst dich der Sinneswelt nur so weit hingeben, als du sie als Offenbarung des Geistes erfährst. Das Jahr hat dich zu seiner höchsten Licht-Entfaltung geführt. Nun aber beginnt es wieder zurückzuschwingen in die Dunkelheit, auf dass du den Geist in dir selbst ergreifst. In einem neuen Pendelschlag wird es dich dann ein Stück weiter hinaustragen.

Der Spruch Rudolf Steiners für diese Woche lässt uns den Pendelschlag zwischen Sinneshöhen und Geistesgründen miterleben:

Und bin ich in den Sinneshöhen,
So flammt in meinen Seelentiefen
Aus Geistes Feuerwelten
Der Götter Wahrheitswort:
In Geistesgründen suche ahnend
Dich geistverwandt zu finden.

ZWEITE JULI-WOCHE

Alles wird, wenn ich es übertreibe, einseitig und entfremdet mich der lebendigen Mitte. Wenn ich die Sparsamkeit übertreibe, wird sie zum Geiz. Lasse ich meine Freigebigkeit ins Kraut schießen, wird sie zur Verschwendungssucht. So würde mich eine immer weiter gesteigerte Hingabe schließlich auflösen. Ich würde einschlafen.

In den letzten Wochen sahen wir, wie das Jahr uns auffordert, immer weiter aus uns herauszugehen, uns der Sinneswelt hinzugeben. Nach der Sommersonnenwende, wenn die Tage schon langsam wieder kürzer werden, beginnt der Sommer erst richtig.

Wenn wir feiner beobachten, bemerken wir aber, wie in die Hochsommerzeit des Juli sich schon ein feines winterliches Element hereinschiebt. Das Wachstum kommt zum Stillstand. Die Zeit der Reife beginnt.

In den Reifeprozessen ist aber bereits ein leichter Todesprozess enthalten. Am deutlichsten tritt uns dies beim Getreide entgegen. Wird das Korn reif, fängt der Halm an, von oben nach unten abzusterben, bis schließlich das goldgelbe Stroh mit den reifen Ähren auf den Schnitter wartet.

Todesprozesse sind aber immer gleichzeitig Bewusstseinsvorgänge. So können wir bemerken, wie in dieser Wendezeit des Hochsommers uns von außen her Erweckendes entgegen kommt.

■ An Sinnesoffenbarung hingegeben
Verlor ich Eigenwesens Trieb,
Gedankentraum, er schien
Betäubend mir das Selbst zu rauben,
Doch weckend nahet schon
Im Sinnenschein mir Weltendenken.

DRITTE JULI-WOCHE

Es ist eine reizvolle Übung, einen Landschaftsausschnitt einmal wie ein Gemälde zu betrachten. Man kann es allein oder mit Freunden gemeinsam tun. Wir zählen zunächst einmal auf, was wir sehen. Es ist sinnvoll, dabei nach irgendeiner Ordnung zu beginnen, zum Beispiel von vorne nach hinten. Man kann dabei beobachten, wie man erst das, was man benennt, so richtig sieht. Wir werden bemerken, wie viele Grüntöne es gibt. Unsere Sprache ist viel zu arm an Ausdrücken, um sie recht zu benennen. In der Südsee soll es einen Stamm geben, der etwa zweihundert Ausdrücke für Grün hat. Vielleicht erfinden wir noch ein paar Benennungen.

Nachdem wir uns auf genügend Einzelheiten aufmerksam gemacht haben, versuchen wir, die Stimmung, die über der Landschaft liegt, zu charakterisieren.

Zuletzt fragen wir uns: Wie könnte man das Gemälde nennen? - Wir werden vielleicht feststellen, dass häufig ein Name herauskommt, der mit dem zusammenhängt, was am Anfang des folgenden Spruches zum Ausdruck kommt.

Das Selbstgefühl entsteht an unserem Körper. Genauer gesagt dadurch, dass wir mit unserem Körper die Gegenstände berühren.

Schon die kleinen Kinder suchen die intensive Berührung, weil sie sich selbst daran empfinden. Mit unserem Blick betasten wir die Oberfläche unserer Umgebung. Dadurch entzündet sich in uns immer wieder neu das Gegenstandsbewusstsein: Ich hier - dort das mir Entgegenstehende.

So wird in der Zeit der größten Entfaltung der Augeneindrücke die Ich-Kraft angeregt - in den Schranken der Leiblichkeit.

■ Ich fühle wie verzaubert
Im Weltenschein des Geistes Weben,
Es hat in Sinnesdumpfheit
Gehüllt mein Eigenwesen,
Zu schenken mir die Kraft,
Die ohnmächtig sich selbst zu geben
Mein Ich in seinen Schranken ist.

VIERTE JULI-WOCHE

Unser Selbstgefühl ist von den Zuständen unseres Körpers in intensiver Weise abhängig. Allein schon die geringfügige Veränderung unserer Körperwärme um zwei bis drei Grad kann uns in Fieberträume versetzen, in denen wir kaum noch wissen, wer wir sind.
Wir sprechen von Sinneseindrücken. Wörtlich genommen heißt das, dass die Wahrnehmung in uns sich eindrückt. Werden wir »gedrückt«, so verstärkt das unsere Eigenwahrnehmung.
Blickt unser Auge auf eine Landschaft hin, ist der Blick wie ein vielfältiges Tasten. Wir tasten über die Bäume, Berge, Seen und Flüsse, fühlen aber gleichzeitig, dass wir es sind, die da berühren und berührt werden. So kommt uns unser Ich-Gefühl als ein Geschenk der Welt von außen zu. Wir haben die Aufgabe, es in uns zu vertiefen, es durch das Gedankenlicht reifen zu lassen, bis eine Frucht entsteht, die für den Fortgang der Evolution tauglich ist.

■ Zu bergen Geistgeschenk im Innern,
Gebietet strenge mir mein Ahnen,
Daß reifend Gottesgaben
In Seelengründen fruchtend
Der Selbstheit Früchte bringen.

FÜNFTE JULI-WOCHE

Die Fragestellung der modernen Naturwissenschaft heißt: »Was ist das?« Um diese Frage immer detaillierter zu beantworten, haben wir Mikroskope und Fernrohre, schicken Taucher auf den Meeresgrund und Satelliten ins All. Eine gewaltige Menge von Wissen hat sich so angehäuft. - Und doch haben die Dinge ihr Geheimnis behalten. Die Rose mit ihrer vollendeten Schönheit, ihrer Farbe, ihrem Duft - wird sie dadurch weniger geheimnisvoll, dass wir viel über ihre Biochemie wissen?

Eine ganz andere Fragestellung, die wir an die Dinge der Welt richten können, lautet: »Wie sprichst du zu mir?« Die blinkenden Sterne, die ziehenden Wolken, der rauschende Wald, die leuchtenden Blumen, all das spricht eine beredte Sprache. Wir können ihr gegenüber »ganz Ohr« werden. Dann fangen die Naturwesen an, uns von ihrem Geheimnis zu erzählen. Das Einfachste beginnt für uns interessant zu werden.

Vielleicht können wir vom Krankenbett aus nur einen Sonnenstrahl sehen. Er spricht zu uns von den kosmischen Weiten, die er durchmessen hat, von seiner Liebe zur Erde, die er ergrünen lässt.

Lassen wir uns ganz tief erfüllen von den Weiten des Weltenwortes. Alles Kleinliche an uns wird es erlösen.

■ Es spricht das Weltenwort,
Das ich durch Sinnestore
In Seelengründe durfte führen:
Erfülle deine Geistestiefen
Mit meinen Weltenweiten
Zu finden einstens mich in dir.

ERSTE AUGUST-WOCHE

Unsere Seele bekommt ihren Charakter durch das, womit sie sich verbindet. Schauen wir zurück auf unser Leben, sehen wir die lange Kette von Erlebnissen und Erfahrungen, die uns zu dem gemacht haben, was wir jetzt sind. Aber wir sehen auch, wie vieles an uns vorüberging, das wir nicht ergriffen haben. Vieles Große und Schöne ist uns begegnet, aber unsere Seele war nicht weit genug, um es aufzunehmen.

Sehen wir genauer hin, können wir bemerken, wie eigentlich in jedem Augenblick um uns herum Schönes und Bemerkenswertes auf uns wartet. Nur sind wir zu selten bereit, es aufzunehmen, uns durchdringen zu lassen.

Natürlich umgibt uns in der Welt der Motoren, der Reklame und sonstigen Menschenwerke genügend Hässliches, das wir uns vom Leibe halten müssen. Es bleibt uns gar nichts übrig, als uns zu verschließen. Würden wir uns nur naiv-aufgeschlossen all den Großstadteindrücken hingeben, sie würden unsere Seele zerreiben.

So stehen wir vor der Notwendigkeit, immer bewusster zu lernen, wann wir die Tore unserer Seele öffnen und wann wir sie schließen müssen. Hier in einen gesunden Rhythmus zu kommen, ist eine Aufgabe, vor die jeder heute gestellt ist.

■ Kann ich die Seele weiten,
Dass sie sich selbst verbindet
Empfangnem Welten-Keimesworte?
Ich ahne, dass ich Kraft muss finden
Die Seele würdig zu gestalten,
Zum Geisteskleide sich zu bilden.

ZWEITE AUGUST-WOCHE

Wir sind eigentlich von viel mehr Schönem umgeben, als wir bemerken. Es wird uns nur nicht bewusst. Aber wir haben die Fähigkeit innezuhalten. Eine Katze kann im Anblick der Maus nicht innehalten und über sie Betrachtungen anstellen. Wir können es. Wir können innehalten und auf unser Leben hinschauen.
In der Erinnerung, so werden wir bemerken, zeigen die Erlebnisse noch ein anderes Gesicht. Das feine Geistige, das zwischen den Zeilen lebt, wird uns bewusster werden. Es tritt hervor und zeigt sich als das eigentlich Wesentliche. Vieles, das im Erlebnis uns wie geblendet hat, fällt ab. Dafür bemerken wir nun anderes, das uns gar nicht ganz zum Bewusstsein gekommen war.
Unsere Lebenszeit ist nicht linear, sondern in Kreisen verlaufend. Am Ende eines jeden solchen Kreises sind wir aufgerufen, erinnernd zurückzuschauen, bevor wir den nächsten Kreis beginnen. Die Stimmung des Feierabends ruft uns auf, den Tag zu betrachten. Der Samstagabend ist für einen Rückblick auf die Woche wie geschaffen. Silvester ruft uns zum Jahresrückblick auf. Und im Lebensabend beginnen wir, wie von selbst auf unser Leben zurückzuschauen. Der große Rückblick, der nach dem Tode einsetzt, leuchtet schon voraus.

So kann uns der zur Neige gehende Sommer aufrufen, auf das, was wir in der Zeit seiner größten Entfaltung empfingen, zurückzuschauen. In der Erinnerung wird es erst recht unser Eigentum.

■ Geheimnisvoll das Neu-Empfang'ne
Mit der Erinn'rung zu umschließen,
Sei meines Strebens weitrer Sinn:
Es soll erstarkend Eigenkräfte
In meinem Innern wecken
Und werdend mich mir selber geben.

DRITTE AUGUST-WOCHE

Jedes Kind probiert irgendwann einmal aus, wie lange es die Luft anhalten kann. Schon nach sehr kurzer Zeit prustet es los und ist froh, wieder atmen zu können. Wiederholen wir als Erwachsene ein solches Kinderspiel, können wir uns daran sehr schnell verdeutlichen, wie abhängig wir von der Welt sind.

Der Finger ist nur so lange Finger, wie er mit der Hand verbunden bleibt. So sind auch wir nur Menschen, solange wir mit der Welt verbunden sind. Ein viel zu wenig beachteter Aspekt der Umweltzerstörung ist der, dass durch sie unsere Menschlichkeit unmittelbar bedroht wird. Verpestete Luft können wir nicht atmen. Zerstören wir unsere Umwelt, zerstören wir letztlich uns selbst.

Die Umkehrung gilt natürlich genauso. Es ist besonders beglückend zu sehen, wie inmitten der zugrunde gehenden bäuerlichen Kultur einzelne aus neuem Geist hervorgehende Hofgemeinschaften arbeiten. Und wie die liebevolle Pflege der Erde die Menschlichkeit neu erblühen lässt. Eine solche Hofgemeinschaft heißt »Sophienlust« und liegt nicht weit von Kiel. Sie entstand aus folgendem Gedankengang: Die Erde gehört allen. Eigentum verpflichtet. Setzen wir Deutschlands Ackerfläche mit der Zahl der Einwohner in Beziehung, so kommt heraus, für wie viel Ackerfläche jeder Bewohner des Landes eigentlich eine Verpflichtung hat. So wurde für jenen Hof eine Genossenschaft begründet, der ca. 120 Menschen beitreten konnten. Mit der Idee haben sich die entsprechenden Menschen verbunden. Die Erde wird wieder kultiviert, Kultur entsteht von der Wurzel her.

Von der Wechselbeziehung zwischen Mensch und Welt handelt Rudolf Steiners Spruch für diese Woche:

■ So fühl' ich erst mein Sein,
Das fern vom Welten-Dasein
In sich, sich selbst erlöschen
Und bauend nur auf eignem Grunde
In sich, sich selbst ertöten müsste.

VIERTE AUGUST-WOCHE

Mit dem 23. August beginnt das Sternzeichen Jungfrau wirksam zu werden. Was ist die Jungfrau-Qualität?
Eine der interessantesten Bewegungen unseres Jahrhunderts ist die Frauenbewegung. Da, wo sie sich nicht in der Frage erschöpft, wie Frauen auch Männer werden können, steckt in ihr die Kraft, ein neues Zeitalter heraufzuführen. Dies ist allerdings in dem Sinne gemeint, dass auch in jedem Mann weibliche Seiten verborgen sind, die er entwickeln kann.
Die Jungfrau-Qualität ist die Fähigkeit des aufmerksamen Betrachtens. Der Jahreslauf stellt sie in die Zeit hinein, in der das äußere Geschehen zu einer gewissen Ruhe gekommen ist. Alles Drängende des Wachsens, des Sprießens und Sprossens hat sich erschöpft. Die Früchte reifen.
Wenn wir aufhören, ungeduldig zu wollen, wenn wir innehalten im gegenwärtigen Augenblick, dann erwacht die Jungfrau-Stimmung. Wir »lassen es kommen«, nehmen auf und warten geduldig, bis die Frucht reift.
Schon in dem mittelalterlichen »ora et labora« (bete und arbeite) steckt das einseitig Männliche. Denn es fehlt das Dritte, die Muße. Erst sie lässt uns Atem finden.

■ Ich fühle fruchtend fremde Macht
Sich stärkend mir mich selbst verleihn,
Den Keim empfind ich reifend
Und Ahnung lichtvoll weben
Im Innern an der Selbstheit Macht.

ERSTE SEPTEMBER-WOCHE

Den ganzen Sommer über hat die Sonne unerschöpfliche Fluten des Lichtes über uns ausgegossen. Wir konnten lebendig erfahren, dass wir nicht nur Erdenbewohner sind. Die Weiten der Welt begaben uns fortwährend mit ihren Lebenskräften. Wir verinnerlichen sie umso nachhaltiger, je mehr wir uns rück-blickend ihrer bewusst werden.

So wird das äußere Sonnenlicht zum Seelenlicht. Es leuchtet in die Tiefen der Daseinsgründe, in denen unser Wesen selbst urständet und seinem Ziel entgegenreift. Und wir fangen vielleicht an, über das Ziel unseres Mensch-Werdens nachzusinnen.

In der Sonne sehen wir etwas wie das Zentrum der Welt. Das Zentrum unseres eigenen Wesens ist unser Ich, unser Selbst. Zunächst ist dieses Selbst noch »selbstisch«, finster. Wodurch kann es so werden, wie es seinem göttlichen Urbild entspricht? Sollte gerade in einem aktiven Welt-Interesse, im emsig lernenden Aufnehmen der reichen Welterscheinungen der Weg zum Überwinden des dumpfen Egoismus liegen? Dann wäre das Leben mit dem Jahreslauf ein Weg, unser Menschenselbst sonnenhaft werden zu lassen.

■ Das Licht aus Weltenweiten,
Im Innern lebt es kräftig fort,
Es wird zum Seelenlichte
Und leuchtet in die Geistestiefen,
Um Früchte zu entbinden,
Die Menschenselbst aus Weltenselbst
Im Zeitenlaufe reifen lassen.

ZWEITE SEPTEMBER-WOCHE

Nach dem Kalender beginnt der Herbst zwar erst mit dem 22. September. In Wirklichkeit ist der Übergang natürlich gleitend, und der Spätsommer hat durchaus herbstlichen Charakter. Auch das Alter beginnt ja nicht schlagartig mit 60 oder 65 Jahren. Es beginnt immer dann, wenn wir anfangen zurückzublicken. Wir schauen auf das, was wir im Leben gesät haben. Manches ist aufgegangen, hat Früchte gezeitigt. Vieles ist liegen geblieben. Wir leiden unter den Versäumnissen unseres Lebens. Ja eigentlich ist es gar nicht die Furcht vor dem Tod, was uns bedrängt, sondern die Sorge, nicht genügend gelebt zu haben.

In der Sommerhälfte des Jahres hat sich uns die Vielfalt der Sinneserscheinungen hingegeben. Denken wir nur an die verschwenderische Pracht der Sonnenuntergänge am Abendhimmel! Welch eine Fülle hat sich uns dargeboten. Haben wir genügend aufgenommen von all dem Reichtum? Oder sind wir an allzu vielem achtlos vorübergeeilt, weil wir ja so Wichtiges zu erledigen hatten?

Im Märchen »Das Wasser des Lebens« wird der dahinreitende Prinz von einem kleinen Männlein am Wege gefragt: »Wo hinaus so geschwind?« »Dummer Knirps, das brauchst du nicht zu wissen!« ist des Prinzen Antwort. Dann aber gerät er in eine Schlucht, die immer enger wird, bis er endlich weder vor noch zurück kann. So aber geht es den Hochmütigen – sagt das Märchen.

Haben wir auf die Kleinigkeiten am Wege genügend Acht gehabt? - Wir haben die tröstliche Aussicht, einen nächsten Sommer erleben zu dürfen. Dann werden wir uns stärker hingeben.
Sollte es mit dem Leben nicht auch so sein, dass nach Herbst und Winter ein neuer Sommer kommt? So kann uns der Jahreslauf zu einem Gleichnis für das Leben selber werden.

■ Es dämpfet herbstlich sich
Der Sinne Reizesstreben,
In Lichtesoffenbarung mischen
Der Nebel dumpfe Schleier sich.
Ich selber schau in Raumesweiten
Des Herbstes Winterschlaf,
Der Sommer hat an mich
Sich selber hingegeben.

DRITTE SEPTEMBER-WOCHE

Wir haben in den vergangenen beiden Betrachtungen darauf hingeschaut, was das Leben mit dem Jahreslauf für die menschliche Seele bedeuten kann. Wir können aber auch die Frage aufwerfen: Was bedeutet dieser Jahreslauf für den Weltgeist selbst?

Man kann natürlich vor einer solchen Frage zurückschrecken oder sie für vermessen halten. Wir wollen dennoch versuchen, ihr ein wenig nachzusinnen.

Der Weltgeist wirkt, schafft und gestaltet im Keimen, Sprossen, Blühen und Fruchten der Pflanzenwelt. Er fühlt und leidet, jauchzt und jubelt im Gesang der Vögel, im Leben und Treiben der Tierwelt.

Wo immer aber Menschenaugen bewundernd und staunend, verehrend und Verständnis suchend auf die Welterscheinungen gerichtet sind, da findet er sich selbst wie in einem Spiegel. Unser menschliches Bewusstsein ist auch ein Stück Welt. Wo auf dem Feld dieses Bewusstseins das Licht wahrer Erkenntnis aufleuchtet, da wird ein Stück Welt erhellt.

So angeschaut wird unser Mitleben mit dem Jahreslauf eine Weltentatsache. Wir fühlen uns dem Weltgeist verpflichtet, der das Licht unserer Erkenntnis sucht.

■ Sich selbst erschaffend stets
Wird Seelensein sich selbst gewahr;
Der Weltengeist, er strebet fort
In Selbsterkenntnis neu belebt
Und schafft aus Seelenfinsternis
Des Selbstsinns Willensfrucht.

VIERTE SEPTEMBER-WOCHE

Wir sind es gewohnt, die Monate mit dem ersten Tag des Monats beginnen zu lassen. Der Stimmung nach beginnt der neue Monat aber schon im vergangenen Monat um den 22., 23., 24. herum, um die Zeit also, in der das Sternzeichen wechselt.

Das Sternzeichen des Oktobers ist die Waage. Ihre Zeit beginnt mit dem 22. September. Wir können sogar beobachten, dass um die Tage eines solchen »verborgenen« Monatsbeginns herum sehr oft die ganze Wetterstimmung sich charakteristisch ändert.

So beginnt mit dieser vierten September-Woche die Waage-Zeit. Was heißt das aber? Die Waage ist das Attribut des Erzengels Michael. Er ist der starke Engel, dem wir im Tode begegnen. Er ist die Klarheit, vor der alle Illusion weichen muss. Er stellt den Menschen auf die Waage des Geistes, zeigt ihm, was er wiegt auf der Weltenwaage.

Ernst und klar ist die Stimmung der Herbstzeit. Einerseits dürfen wir ganz zu uns kommen, andererseits wird uns aber auch deutlich, wie schwach unsere Kraft noch ist. Unsere Natur ist schläfrig, wir sollen aber erwachen, um die Impulse unseres Zeitalters nicht zu verschlafen. Michael ruft uns auf, Zeitgenossen zu werden.

■ Ich darf nun mir gehören
Und leuchtend breiten Innenlicht
In Raumes- und in Zeitenfinsternis.
Zum Schlafe drängt natürlich Wesen,
Der Seele Tiefen sollen wachen
Und wachend tragen Sonnengluten
In kalte Winterfluten.

MICHAELI-STIMMUNG

Was trägt uns eigentlich im Leben? Da ist einerseits die gütige Mutter Natur. Sie gibt uns unsere Nahrung, sie erquickt uns im Schlaf. Großmütig verzeiht sie uns unsere Unachtsamkeiten ihr gegenüber. Wir peinigen sie viel mit unserer Gier, immer mehr haben zu wollen. Sie aber hört nicht auf, uns das Dasein zu schenken. Mit jedem Atemzug können wir ihre Güte fühlen. Wir brauchen nur einmal die Luft anzuhalten, um zu erleben, wie schnell wir ihrer wieder bedürftig sind. In Naturreligionen nannte man sie die Mutter Erde und verehrte sie gleich nach dem himmlischen Vater.[3]
Andererseits aber tragen uns die Sitten und Gebräuche, die Kultur, in der wir leben. Nun können wir beobachten, wie im Lauf des 20. Jahrhunderts, von Europa ausgehend, die ganze Welt ergreifend, diese tragenden Kräfte schwächer und schwächer geworden sind. Wir können das beklagen und uns darüber ereifern, wie die guten Sitten in Verfall geraten. Wir können aber auch die positiven Möglichkeiten anschauen. Heute wird es mehr und mehr Menschen möglich, aus dem eigenen Willen ihr Leben selbst zu bestimmen. Millionen Menschen können so frei und selbstbestimmt leben, wie es früher nur wenigen Fürsten möglich war.
Hier kommen wir aber an die Klippe der Freiheit. Mit der eigenen Freiheit umzugehen ist nicht leicht. Es kann uns nur gelingen, wenn wir Lebenskünstler werden. Künstler aber sind wir, wenn wir die schöpferischen Kräfte unserer Seele zu erwecken vermögen. Die innere Aktivität erwacht, wo wir wirklich zu denken beginnen.

»In alten Lehren hat man die Macht, aus der die Gedanken der Dinge erfließen, mit dem Namen Michael bezeichnet. Der Name kann beibehalten werden« (Rudolf Steiner).
Wir verbinden uns mit Michael, der den Menschen vor äußeren und inneren Zwängen schützenden Macht, je mutiger wir anfangen, selbständig zu denken. So kommen wir immer stärker dazu, uns in uns selbst zu tragen.
Rudolf Steiners Meditationsspruch für diese Woche lautet:

■ Natur, dein mütterliches Sein,
Ich trage es in meinem Willenswesen;
Und meines Willens Feuermacht,
Sie stählet meines Geistes Triebe,
Dass sie gebären Selbstgefühl,
Zu tragen mich in mir.

ERSTE OKTOBER-WOCHE

»Ich habe von jeher im Herbst Gefühle des Aufbruchs und im Frühjahr solche der Trauer und des Untergangs gehabt«.[4]

Es ist merkwürdig: Während noch im letzten Jahrhundert alle Lieder und Gedichte den Frühling preisen und der Herbst nur als die herbe Sterbezeit empfunden wird, kehrt sich das in unserem Jahrhundert um. Wie an dem oben angeführten Zitat von Marie Luise Kaschnitz, könnte man es an vielen Beispielen zeigen: Immer mehr Menschen unserer Zeit entwickeln eine besondere Liebe zu den Herbstwochen.

Diese Zeit der Klarheit des Himmels, des tiefen Blau, der farbigen Blätter und der geheimnisvollen Sehnsucht erscheint wie das Antlitz des fragenden Engels. Der Name Michael, der aus dem Hebräischen stammt, bedeutet einen Fragesatz: Mi cha el - Wer wie Gott?

Von allen Seiten dringt an uns der Anspruch heran: Du Mensch solltest Gottes Ebenbild sein. Sein Bild ist in dir entstellt worden. Gottes Sohn hat es wieder aufgerichtet durch sein Erscheinen auf Erden. Wie hast du verstehend dich mit ihm verbunden? Christus ist gestorben und auferstanden. Hast du Anschluss an ihn gefunden, dann kannst du beruhigt dem Tod entgegengehen.

So können wir in der Herbstzeit etwas wie einen Widerschein des Osterfestes finden. Das Absterben der Pflanzenwelt öffnet den Himmel über uns. Das aber regt uns an, die Tiefen des eigenen Wesens zu ergründen. Was finden wir in ihnen?

■ In meines Wesens Tiefen dringen
Erregt ein ahnungsvolles Sehnen,
Dass ich mich selbstbetrachtend finde
Als Sommersonnengabe, die als Keim
In Herbstesstimmung wärmend lebt
Als meiner Seele Kräftetrieb.

ZWEITE OKTOBER-WOCHE

»Das größte Rätsel ist der Mensch sich selbst.« In diesen Worten spricht der Dichter Novalis eine Wahrheit aus, die jeder tiefer empfindenden Seele vertraut sein mag. Denn, was wissen wir schon über uns selbst? Woher wir kommen, wohin wir gehen, wer wir wirklich sind - wir wissen es im Grunde nicht.

Vielleicht ist es einer der größten Schäden der primitiv-materialistischen Menschenbetrachtung, dass uns von Kindheit an suggestive Schein-Antworten auf diese Fragen eingeflößt werden. Da muss uns dann das Schicksal immer wieder ein wenig rütteln, dass wir still werden vor uns selbst.

Sind nicht vielleicht die turbulenten Ereignisse unseres Jahrhunderts Stürme, die uns als ganze Menschheit wachrütteln sollen, bis wir endlich aus den materialistischen Träumen aufgewacht sind?

Michael kämpft mit dem Drachen. In den Legenden und Märchen wird uns dieser Drache als vielköpfiges Wesen dargestellt. Ist er nicht ein sprechendes Bild für die neunmal kluge Gescheitheit, die für alles vorschnelle Antworten bereit hat? Besiegt kann er nur werden, wenn man seine Köpfe abschlägt.

Der Herbst will uns zu einer solchen Vertiefung auffordern, die den Kopf zum Schweigen bringt, damit das Herz sprechen kann. Wo aber das Herz spricht, da strahlt Wärme, sonnenhaftes Wesen erwacht.

■ Ich kann im Innern neu belebt
Erfühlen eignen Wesens Weiten
Und krafterfüllt Gedankenstrahlen
Aus Seelensonnenmacht
Den Lebensrätseln lösend spenden,
Erfüllung manchem Wunsche leihen,
Dem Hoffnung schon die Schwingen lähmte.

DRITTE OKTOBER-WOCHE

Vielen Menschen fällt es sehr schwer, ganz zur Ruhe zu kommen. Alles abstreifen, was an sorgenvollen Gedanken uns erfüllt. Nichts wollen, alles Begehren zum Schweigen bringen. Das sind Fähigkeiten, die nur durch regelmäßige Übung erreicht werden können. Je unruhiger die Umgebung, desto mehr Kraft ist dafür nötig. Aber diese Kraft, Ruhe zu erzeugen, ist in unserer hektischen Welt außerordentlich heilsam. Verfügen wir über sie, können wir zu wirklichen Helfern werden.

Ein See, der in unruhiger Bewegung ist, kann den Sternenhimmel nur verzerrt spiegeln. Erst wenn seine Oberfläche still wird, spiegelt er die Sterne in Reinheit. So machen wir unsere Seele zum klaren Denken geeignet, wenn wir in die Ruhe des Betrachtens hereinkommen. Es ist dabei verhältnismäßig gleichgültig, was wir betrachten. Wichtig ist nur, dass das, was wir anschauen, unser staunendes Interesse erregt. Dann lernen wir auch, die Gedanken innerlich wie anzuschauen, sie klarer und klarer zu machen.

So kommt es, dass wir durch eigenes Erleben gewahr werden, dass Gedanken nicht weniger wirklich sind als das, was uns die Augen zeigen. Wir fangen an, hellsehend zu werden im wörtlichen Sinn. Dort im Innern, wo es vorher dunkel war, wird es heller und heller durch unseren Blick.

Klares Denken ist ein Leuchten, das uns die innere Welt erschließt. Von ihm sprechen die Worte Rudolf Steiners für diese Woche:

■ Sich selbst des Denkens Leuchten
Im Innern kraftvoll zu entfachen,
Erlebtes sinnvoll deutend
Aus Weltengeistes Kräftequell,
Ist mir nun Sommererbe,
Ist Herbstesruhe und auch Winterhoffnung.

VIERTE OKTOBER-WOCHE

Bewusstsein ist immer mit Sterbeprozessen verbunden. Das beginnt schon beim ersten Atemzug, mit dem der Sauerstoff der Luft verbrennend in uns einzieht. Waren wir am Tag lange genug wach, müssen wir abends das Bewusstsein wieder erlöschen lassen, damit der verbrauchte Körper sich im Schlaf erholen kann.

Das höchste Bewusstsein tritt in dem Moment auf, in dem der Leib als Ganzes abstirbt. Viele Berichte von Menschen gibt es bereits, die in klinisch totem Zustand in solchem Total-Bewusstsein ihr ganzes Leben, manchmal sogar frühere Leben vor sich gesehen haben.

Ein eindrucksvolles Beispiel ist das Buch »Rückkehr von Morgen« von George Ritchie.[5] In ihm wird deutlich, wie das erhöhte Bewusstsein die Grenzen von Raum und Zeit sprengt. In wenigen Minuten erlebt Ritchie eine Reise durch weite Gebiete und ferne Zeiten. Nur das Gefühl, noch nichts Rechtes aus seinem Leben gemacht zu haben, bringt ihn wieder in seinen Körper und in die gewohnte Begrenztheit des irdischen Lebens zurück.

Im Herbst werden wir von den Absterbevorgängen der Pflanzenwelt ergriffen. Die Erde selbst wacht auf. Wir erleben dieses Erwachen mit. Und wie wir unserem Sterben mit einer gewissen freudigen Erwartung des höchsten Bewusstseins entgegenleben mögen, so können wir den nahenden Winter als eine Zeit reicher Seelenerlebnisse vorausempfinden. Eben davon spricht der Spruch dieser Woche:

■ Es sprießen mir im Seelensonnenlicht
Des Denkens reife Früchte,
In Selbstbewußtseins Sicherheit
Verwandelt alles Fühlen sich.
Empfinden kann ich freudevoll
Des Herbstes Geisterwachen,
Der Winter wird in mir
Den Seelensommer wecken.

ERSTE NOVEMBER-WOCHE

Besondere Geheimnisse birgt das Sternzeichen des Skorpion in sich. In alten Überlieferungen wird es auch als Adler bezeichnet. In dieser Zweiheit lebt die Doppelnatur der Denkfähigkeit. Einerseits kommt durch das Essen vom Baum der Erkenntnis der Tod in die Welt (Skorpion). Andererseits gibt die Denkfähigkeit uns den Aufschwung (Adler), durch den wir uns als freie Wesen fühlen können. Die Erde selbst wird in der Skorpionzeit (ca. 21.10. bis 21.11.) zu Skorpion und Adler. Sie erwacht im Absterben und verleiht uns in besonderem Maße die Aufschwungskraft des klaren Denkens. Dies trat uns in den beiden letzten Wochen intensiv entgegen. Aber die Erde stirbt eben auch. Das können wir in den November hinein stärker und stärker erfahren. Sogar das Tageslicht wird fahler und verliert seine Kraft.

Nun sind wir Menschen gefragt. Wir sollen das der Welt geben, was sie als rein natürliche nicht hat. Wir sind aufgerufen, Kultur zu schaffen. »Jeder Mensch ist ein Künstler«, sagte Joseph Beuys. Und er hatte Recht. Das Material für unser Kunstwerk gibt uns das Leben. Jeder Tag, jede Stunde, jede aktuelle Lebenslage ruft uns auf, sie zu gestalten, etwas aus ihr zu machen.

Die November-Zeit ruft in besonderer Weise unsere Schaffenskraft auf. Es gilt, statt sich schwermütigen Stimmungen hinzugeben, die Willenskräfte anzuspannen und tätig zu werden.

■ Das Licht aus Geistestiefen,
Nach außen strebt es sonnenhaft,
Es wird zur Lebenswillenskraft
Und leuchtet in der Sinne Dumpfheit,
Um Kräfte zu entbinden,
Die Schaffensmächte aus Seelentrieben
Im Menschenwerke reifen lassen.

ZWEITE NOVEMBER-WOCHE

In der Novemberzeit ist der Mensch in besonderer Weise gefragt. Auf ihn kommt es an. Seine aus klarem Urteil hervorgehende Gestaltungskraft wird lebenswichtig. Denn wie groß sind heute die Verwirrungen! Nur ein Beispiel:

Vor nun bald zwanzig Jahren gab die Normenkontroll-Kommission die Empfehlung aus, die Woche nicht mehr mit Sonntag, sondern mit Montag beginnen zu lassen. Offenbar hat kaum ein Mensch wirklich darüber nachgedacht und fast alle haben mitgemacht.[6] Aber wie verworren sind die Begriffe! Denn wenn wir sagen, die Woche beginnt mit dem Montag, dann lügen wir, wenn wir den Mittwoch Mitt-woch nennen. Donnerstag wäre dann der vierte und mittlere der sieben Wochentage.

Das ist nur ein Beispiel unter vielen, die die herrschende Gedankenlosigkeit spiegeln. Ein viel drastischeres ist der Wahnsinn des Overkill. Denn es ist nichts anderes als Wahnsinn, wenn immer raffiniertere Tötungsmaschinen erfunden werden, wo schon mit den heutigen sechzig Erden vernichtet werden könnten. Allein unser Land hat eine halbe Million Soldaten und gibt jährlich fünfzig Milliarden für Rüstung aus. Geld, das offensichtlich übrig ist! Was könnte Gutes getan werden, wenn 500.000 junge Leute mit 50 Milliarden für Entwicklungshilfe und Umweltschutz eingesetzt würden ...

Es gibt genügend Beispiele dafür, wie heute der Mensch gefordert ist. Auch im persönlichen Schicksal kann ja jeder von uns genug Ungereimtheiten finden, die nach Klarheit rufen. Vielleicht sind ja auch die großen Verrücktheiten nur die Summe der kleinen Verworrenheiten im Beruf, in der Familie, im eigenen Inneren.
So mag ein bewusstes Leben mit dem Jahreslauf auch ein Beitrag sein, ganz im Stillen etwas zu tun für die Gesundung der Welt.
Rudolf Steiners Wochenspruch lautet:

■ Ich fühle fruchtend eigne Kraft
Sich stärkend mich der Welt verleihn,
Mein Eigenwesen fühl ich kraftend
Zur Klarheit sich zu wenden
Im Lebens-Schicksalsweben.

DRITTE NOVEMBER-WOCHE

Wenn man Beschreibungen liest, wie vor rund tausend Jahren christliche Missionare durch die deutschen Lande zogen und oft nur auf den Flüssen wirklich vorwärts kamen, dann staunt man, welche Urwälder, welch urwüchsige Natur es da noch gab. Die Erde wurde als unbändig vitales Wesen erlebt, von dem es einem nicht im Traum eingefallen wäre, dass es alt werden oder gar sterben könnte. Von daher versteht man auch, warum Menschen, die ein geistiges Leben führen wollten, immer wieder fasteten. Wie die Erde viel lebendiger war, so waren auch die Körper vitaler. Erst wenn die Vitalität durch Askese zurückgedrängt war, wurde klares Denken möglich. Die Pharisäer fasteten zweimal die Woche, dienstags und donnerstags.
Ganz anders heute. Mit freudigem Erstaunen sehen wir im Frühjahr auf die doch wieder ergrünten Wälder, sind dankbar, wenn am Rand der überdüngten Felder und Wiesen doch noch ein Blümchen blüht. Wir bemerken, dass die Erde altert.
Der ausgehende November ist wie ein Endpunkt des natürlichen Jahreslaufes. Das Jahr stirbt. Aber es ist noch nicht das letzte Erdenjahr. Ein neues schließt sich an. Einst aber wird es ein letztes Erdenjahr geben. Was wird dann sich anschließen?
Rilke schreibt in einem Brief sinngemäß: Die Blumen am Wegesrand warten mit Sehnsucht darauf, vom Menschen angeschaut zu werden, um in seiner unsterblichen Seele fortleben zu können.

Der Mensch lebt nicht nur für sich. Alle Wesen der Welt wollen von ihm aufgenommen sein, denn er ist das Nadelöhr, durch das die alte Welt hindurchgehen muss, um zur Welt der Zukunft zu werden.

■ So fühl' ich erst die Welt,
Die außer meiner Seele Miterleben
An sich nur frostig leeres Leben
Und ohne Macht sich offenbarend
In Seelen sich von neuem schaffend,
In sich den Tod nur finden könnte.

VIERTE NOVEMBER-WOCHE

Wir Menschen sind werdende Wesen. Wunderbar hat das Hermann Hesse in seinem Gedicht »Stufen« zum Ausdruck gebracht:

Wie jede Blüte welkt und jede Jugend
Dem Alter weicht, blüht jede Lebensstufe,
Blüht jede Weisheit auch und jede Tugend
Zu ihrer Zeit und darf nicht ewig dauern.
Es muß das Herz bei jedem Lebensrufe
Bereit zum Abschied sein und Neubeginne,
Um sich in Tapferkeit und ohne Trauern
In andre, neue Bindungen zu geben.
Und jedem Anfang wohnt ein Zauber inne,
Der uns beschützt und der uns hilft zu leben.

Wir sollen heiter Raum um Raum durchschreiten,
An keinem wie an einer Heimat hängen,
Der Weltgeist will nicht fesseln uns und engen,
Er will uns Stuf' um Stufe heben, weiten.
Kaum sind wir heimisch einem Lebenskreise
Und traulich eingewohnt, so droht Erschlaffen;
Nur wer bereit zu Aufbruch ist und Reise,
Mag lähmender Gewöhnung sich entraffen.

Es wird vielleicht auch noch die Todesstunde
Uns neuen Räumen jung entgegensenden,
Des Lebens Ruf an uns wird niemals enden ...
Wohlan denn, Herz, nimm Abschied und gesunde!

Weit zurückliegende Vergangenheiten haben wir schon durchschritten, die alle in uns geheimnisvoll weiterklingen. Es gibt dann immer wieder Zeiten, in denen wir spüren, dass ein neuer Schritt fällig ist. Die Spannung wächst. Es ist, wie wenn man auf eine Bahnhofsuhr schaut und der Sekundenzeiger immer weiter herum geht. Dann ein kurzes, spannungsvolles Innehalten, und mit einem Ruck springt der Minutenzeiger eins weiter.

Die Adventszeit ist jedes Jahr wieder eine solche Zeit erwartungsvoller Spannung. Jeder spürt irgendwie, dass etwas fällig ist. Ein Werdeschritt will getan sein. Wie eine große Flucht kann es einem erscheinen, dass wir uns gerade jetzt in die größte Hektik stürzen. Viele leiden unter dieser Unruhe der Vorweihnachtszeit. Wir werden sie erst überwinden können, wenn ein neues Verständnis für das Weihnachtsfest Platz greift. Wir wollen versuchen, in der nächsten Betrachtung etwas dazu beizutragen.

Rudolf Steiners Wochenspruch für die erste Adventswoche lautet:

■ Geheimnisvoll das Alt-Bewahrte
Mit neu erstandnem Eigensein
Im Innern sich belebend fühlen:
Es soll erweckend Weltenkräfte
In meines Lebens Außenwerk ergießen
Und werdend mich ins Dasein prägen.

ERSTE DEZEMBER-WOCHE

Im Alten Testament heißt es: »Adam erkannte Eva und sie gebar ihm den Kain.« Da wird das Wort für Erkennen noch im gleichen Sinn wie »sich in Liebe verbinden« gebraucht. Verbinde ich mich aber in Liebe mit meiner Umgebung, so ist das immer ein erster Schritt dazu, dass die schöpferischen Kräfte der Seele erwachen. In mir wird ein neuer Mensch geboren. Dann ist Weihnachten der Seele.

Nun führt uns der Lauf des Jahres einmal im Jahr an das menschheitliche Urbild heran. Denn was geschah in der Zeitenwende? Der Mensch Jesus wurde zum Christus. Christus heißt auf Deutsch »der Gesalbte«. Immer wurden die Könige und die Priester gesalbt. Das war eine feierliche Handlung, die bewirkte, dass sich mit dem Menschen ein geistiges Wesen verbinden konnte. Mit dem Priester der Engel der Gemeinde, mit dem König der Geist des Volkes.

Jesus wurde Christus, als sich mit ihm in der Taufe nicht nur der Geist des Volkes Israel, sondern der Geist der ganzen Menschheit verband. Gott wurde Mensch. Er wird Menschheit, je mehr sich das Menschwerden Gottes fortsetzen kann. Es setzt sich fort im Christwerden der einzelnen Menschen.

Der Jahreslauf führt uns an dieses heran. Wir erleben in der Weihnachtszeit eine Begegnung mit dem lebendigen Christus. Verbinden wir uns in Liebe mit ihm, werden wir Christen.

■ Kann ich das Sein erkennen,
Dass es sich wiederfindet
Im Seelen-Schaffens-Drange?
Ich fühle, dass mir Macht verlieh'n,
Das eigne Selbst dem Weltenselbst
Als Glied bescheiden einzuleben.

ZWEITE DEZEMBER-WOCHE

Wir gebrauchen manchmal das Wort apokalyptisch, ohne uns recht klar zu machen, was es eigentlich bedeutet. »Apokalypse« heißt das letzte Buch des Neuen Testaments. Es handelt davon, wie im geschichtlichen Verlauf durch dramatische Verläufe hindurch der mit der Menschheit lebende Christus immer stärker zur Offenbarung kommt. Mit ihm aber offenbart sich mehr und mehr das Rein-Menschliche, das in den äußeren Hüllen von Rasse, Volk und Geschlecht verborgen liegt.

Unsere Zeit ist apokalyptisch, insofern sie in Katastrophen uns schüttelt und rüttelt. Wir sollen wach werden für das, was längst da ist. Wir können einem Menschen nicht recht in die Augen sehen, solange wir Vorurteile gegen ihn haben. Auch sehen wir so sein inneres Wesen nicht. Wir bemerken nicht, dass Christus in ihm lebt wie auch in uns.

Christus lebt mit uns in der Tiefe unseres Wesens. Uns dessen bewusst zu werden, ist von entscheidender Bedeutung. Es bringt uns in Übereinstimmung mit uns selbst. Aber dafür müssen wir erst still werden. Denn das Gotteswort in uns spricht leise, es drängt sich nicht auf. Sein Wesen ist die vollkommene Hingabe. Kommt es in uns zum Erklingen, erwacht in unserer Seele die Opferbereitschaft, die uns erst zu brauchbaren Menschen werden lässt. Brauchbar in dem Sinn, dass wir lernen, dort anzupacken, wo es nötig ist.

■ In meines Wesens Tiefen spricht
Zur Offenbarung drängend
Geheimnisvoll das Weltenwort:
Erfülle deiner Arbeit Ziele
Mit meinem Geisteslichte
Zu opfern dich durch mich.

DRITTE DEZEMBER-WOCHE

Im Volk der Ashanti in Ghana lebt folgende Überlieferung:
Wenn ein Mensch geboren werden will, geht er zu einem himmlischen Ältesten und sagt ihm das. Der fragt ihn, wo er geboren werden und was er auf Erden tun will. Nun antwortet die Seele. Dies geschieht sieben Mal. Dann darf sie zur Erde herabsteigen. Nach der Geburt bleibt das Neugeborene sieben Tage im Geburtsraum geschützt vor aller Ablenkung, denn es sinnt darüber nach, was es sich für das Leben vorgenommen hat.

Eine solche alte Anschauung, die sich durch viele andere ergänzen ließe, zeigt uns, wie geistgemäß früher vom Menschen gedacht wurde. Wir bilden uns heute oft ein, besonders aufgeklärt zu sein. Aber was wissen wir schon über so etwas Wichtiges wie das Leben vor der Geburt?

In der anthroposophischen Menschenkunde finden wir dargestellt, wie jeder Mensch vor seiner Geburt einen Vorblick auf sein Leben hat und dieses bejaht.[7] Wir sehen auf ein Kind in ganz anderer Weise hin, wenn wir dabei still im Innern die Frage haben, was es sich wohl vorgenommen hat für dieses Leben.

Die Kinder von heute haben vielleicht schon einen Vorblick gehabt, der über die Mitte des nächsten Jahrhunderts hinausreicht. Welche Impulse bringen sie mit? Wie können wir ihnen helfen, sich selbst nicht entfremdet zu werden? Sie kommen als Boten, um Geisteslicht ins Dunkel der Welt zu tragen.

Zu Weihnachten dürfen wir alle an unseren Ursprung wieder anknüpfen. Weihnachten ist das Fest des Kindes – des Kindes als dem Sendboten der göttlichen Welt.

Rudolf Steiners Worte für diese Woche lauten:

■ Zu tragen Geisteslicht in Weltenwinternacht
Erstrebet selig meines Herzens Trieb,
Dass leuchtend Seelenkeime
In Weltengründen wurzeln
Und Gotteswort im Sinnesdunkel
Verklärend alles Sein durchtönt.

WEIHE-NACHT-STIMMUNG

Der 24. Dezember trägt den Namen Adam-und-Eva-Tag und erinnert an den Sündenfall. Die ganze Adventszeit ist wie ein Weg zurück in die Urvergangenheit und führt uns hin bis zum tiefen Erleben der Abtrennung des Menschen von seiner himmlischen Heimat. Deshalb wird sie auch stimmungsmäßig schwieriger, je mehr wir uns dem 24. Dezember nähern. Es gibt wohl kaum eine Familie, in der es da nicht noch einmal Unstimmigkeiten gibt. Und dann der erstaunliche Umschwung vom Vierundzwanzigsten auf den Fünfundzwanzigsten! Kein Tag ist vom anderen so verschieden wie diese beiden. Wie der Vierundzwanzigste an den Fall des Menschen erinnert, so der Fünfundzwanzigste an seine Rettung - die Christgeburt.

Die Überlieferung verlegt sie in die Mitternacht und bringt damit zum Ausdruck, dass sie ein göttliches Gnadengeschenk ist. Wie wir sonst auch in der Mitternacht das Geschenk der Wiederbelebung unserer Kräfte im Schlaf erhalten, so kommt das große Geschenk der Christgeburt in der Weltenmitternacht.

Aber unsere bewusste Mitwirkung ist gefragt. Auf den rechten Empfang des Geschenkes kommt alles an. Die mitternächtliche Weihehandlung fordert unsere ganze Kraft heraus, dass sie sich in Herzenshelligkeit vollziehen kann. In ihr leuchtet im Geiste hell auf, was in der Frühe des Weihnachtsmorgens innig gefühlt und bei der dritten Weihehandlung am Tage bis in die Tiefen des Leibes aufgenommen sein möchte. In alter Zeit kannte man die drei Weihnachtsmessen »in nocte« (bei Nacht), »in aurora« (in der Morgenfrühe) und »in die« (am Tage). Wer sie alle drei kraftvoll mitvollziehen

kann, erfährt aus ihnen eine Belebung, die wahrhaft eine Entzauberung der Jugendkraft der Seele genannt werden kann.
Aber jedes Geschenk ist auch etwas wie eine Verpflichtung. Und so kommt der 26. Dezember als Dritter im Bunde hinzu. Er erinnert an den ersten christlichen Märtyrer, an Stephanus, der an diesem Tage gesteinigt wurde. Er will uns daran erinnern, dass es nun auf uns ankommt, was wir aus dem göttlichen Gnadengeschenk machen. Diese Frage leitet uns dann weiter in die kommenden Wochen.
Der Wochenspruch Rudolf Steiners für diese Woche trägt die Überschrift *Weihe-Nacht-Stimmung* und lautet:

■ Ich fühle wie entzaubert
Das Geisteskind im Seelenschoß,
Es hat in Herzenshelligkeit
Gezeugt das heil'ge Weltenwort
Der Hoffnung Himmelsfrucht,
Die jubelnd wächst in Weltenfernen
Aus meines Wesens Gottesgrund.

FÜNFTE DEZEMBER-WOCHE

Wenn wir uns dem Weihnachtsbraten nicht allzu sehr hingegeben haben, können wir bemerken, wie die zwölf Tage und dreizehn Nächte der Weihnachtszeit vom 25. Dezember bis zum 5. Januar einen ganz besonderen Charakter haben. Wir nennen sie auch die Zeit »zwischen den Jahren«. Damit bringen wir eine Wahrheit zum Ausdruck. Wir leben in diesen Tagen eigentlich wie außerhalb der Zeit. Natürlich geht das tägliche Leben weiter. Aber die Tiefe unserer Seele ist etwas ganz anderem hingegeben.

Wir haben ja grundsätzlich zwei Seiten in unserem Wesen. Die Seite, mit der wir durch unsere Sinne der sinnlichen Erfahrung hingegeben sind, und die andere, mit der wir die Gedankenseite der Welt erfassen.

Die meiste Zeit über ist unsere Sinnenseite wie überbelichtet. Zu Weihnachten, bis in den Januar herein, haben wir vom Jahreslauf her eine ganz besondere Möglichkeit, in stillem Gebet und in gedanklicher Vertiefung die »nächtliche« Seite des Daseins zu erfahren. Gelingt es uns, so erleben wir, welch unerschöpflicher Reichtum da auf uns wartet. Reich und vielfältig wie der Sternenhimmel über uns, der in diesen Wochen ja auch äußerlich in besonderer Weise funkelt.

■ An Geistesoffenbarung hingegeben
Gewinne ich des Weltenwesens Licht.
Gedankenkraft, sie wächst
Sich klärend mir mich selbst zu geben
Und weckend löst sich mir
Aus Denkermacht das Selbstgefühl.

ERSTE JANUAR-WOCHE

»Im Anfang war das Wort«, so beginnt das Johannes-Evangelium. Wir könnten das auch umdrehen und sagen: Wo immer das Wort ist, da ist ein neuer Anfang möglich. Das Wort steht an der Grenze. Es offenbart das, was vorher nur innerlich war, indem es ausgesprochen wird.

Wenn wir ein Wort hören, nehmen wir aus dem äußeren Klang den Inhalt in unser Inneres. So vermittelt das Wort zwischen innen und außen.

Wir sprechen aber nicht nur durch Worte, sondern auch durch Mienen und Gesten, durch unsere Haltung. Wir können gar nicht anders, als fortwährend das, was in uns lebt, zu offenbaren. Aber auch die Wesen um uns herum sprechen durch ihr Erscheinungsbild. Wie verschieden ist das, was die Geste einer Birke sagt, von dem, wie eine Eiche spricht! In allen leben einzelne Buchstaben des umfassenden Weltenwortes. Goethe sprach davon, wie wir durch emsiges Naturstudium dazu kommen können, im Buch der Natur zu lesen. Da aber schließen sich Wissenschaft, Kunst und Religion zusammen. Dem künstlerischen Blick, verbunden mit klarer Objektivität, wird das Buch der Natur zum Buch der Offenbarung. Denn wovon spricht es? Es spricht von seinem Schöpfer.

Das Johannes-Evangelium sagt weiter, dass alles durch das Wort geworden ist und dass das Wort schließlich selbst in seine Schöpfung eintrat, Mensch geworden in Jesus. Das Buch der Natur spricht uns von den vergangenen Taten des Gotteswortes. Das Gotteswort aber kann durch uns weiterschaffen, wenn die vielfältigen Hindernisse

unserer Eigenheiten überwunden sind. Es macht das Buch der Geschichte zum Buch der Offenbarung.
Der Spruch Rudolf Steiners für diese Woche lautet:

■ Und bin ich in den Geistestiefen,
Erfüllt in meinen Seelengründen
Aus Herzens Liebewelten
Der Eigenheiten leerer Wahn
Sich mit des Weltenwortes Feuerkraft.

ZWEITE JANUAR-WOCHE

In der letzten Betrachtung sagten wir: »Wo immer das Wort ist, da ist ein neuer Anfang möglich.« Das gilt im ganz alltäglichen Sinn. Wo wir zum Beispiel mit einem anderen Menschen nicht mehr weiterkönnen, kann nur das Wort helfen. Erst wenn wir wieder miteinander sprechen können, geht es weiter. Manchmal brauchen wir vielleicht einen Dritten als helfenden Zuhörer, bis wir wieder selbst gelernt haben, uns gegenseitig zuzuhören. Es gilt aber auch im Großen. Das Schöpferwort ist in die Menschenwelt eingetreten. Es macht uns zu Schaffenden, je mehr wir es in unserem Herzen lebendig werden lassen.

Für viele Menschen heute ist das Christentum längst erledigt, weil es ihnen vertrocknet und verstaubt erscheint. Das wahre Christentum aber liegt noch weit in der Zukunft. Es beginnt dort, wo wir im Christ-Sein zu schöpferischen Menschen werden. Dann aber wird es sich als das erweisen, was es in Wahrheit ist. Novalis hat diese Kraft, die uns schöpferisch werden lässt, in seinen geistlichen Liedern wunderbar ausgesprochen:

> Endlich kommt zur Erde nieder
> aller Himmel sel'ges Kind.
> Schaffend im Gesang weht wieder
> um die Erde Lebenswind.
> Weht zu ewig lichten Flammen
> längst verstiebte Funken hier zusammen.

Das Christentum ist mehr als nur eine Religion. Es ist das Lebenselixier, das uns zu wahren Menschen erst werden lässt.
Der Spruch Rudolf Steiners für diese Woche lautet:

■ Der Seele Schaffensmacht,
Sie strebet aus dem Herzensgrunde
Im Menschenleben Götterkräfte
Zu rechtem Wirken zu entflammen,
Sich selber zu gestalten
In Menschenliebe und im Menschenwerke.

DRITTE JANUAR-WOCHE

Der Übergang zur Wassermann-Zeit, die mit dem 20. Januar beginnt, ist oft sehr charakteristisch. Das Leben beginnt zu fließen. Der Winter ist zwar durchaus noch um uns. Aber in der Höhe ist das neue Licht schon da. Das Frühjahr steigt von oben herab. Die ersten, die es bemerken, sind die Vögel. Sie sind so rechte Lichtwesen. Sie singen, wenn das Licht danach ist.

Hölderlin besingt in seinen Gedichten den »Vater Äther«. Er meint damit den blauen Himmel über uns. Äther ist ein alter Ausdruck für die unermesslich reiche Welt der Lebenskräfte des Kosmos, die im Blau des Himmels einen sichtbaren Ausdruck finden. Die Lebenskräfte sind es, die so jung im Licht der Sonne des aufsteigenden Jahres leuchten. Alles, was als Leben aus der Erde hervorsprießen wird, ist im Licht schon geheimnisvoll enthalten.

Wir tragen als Menschen nicht nur den Leib aus den Erdenstoffen an uns. Er ist nur das Sichtbare unseres Wesens, durch das wir die Welt erfahren und in der Welt agieren können.

Dieser stoffliche Leib ist durchzogen von einem unsichtbaren Bilde-Kräfte-Leib, der in der theosophischen Tradition Ätherleib genannt wird. Er ist lichtverwandt. Bei sterbenden Menschen können wir sehen, wie er als ein geheimnisvolles Leuchten den Körper umgibt. In ihm sind die Erinnerungsbilder des Lebens, die im Sterben wie ein großes Gesamtbild vor uns aufleuchten. Er fängt schon im Alter an, sich etwas aus dem physischen Körper zu lösen. Dadurch tauchen beim alternden Menschen so viele Erinnerungen aus der Kindheit auf.

Der Ätherleib der Erde ist mit der Sonne verbunden. Jetzt, in der Zeit der wieder aufsteigenden Sonne, empfängt er neue Anregung. Wir sehen das Leben langsam aus der Höhe herabsteigen.

■ Es ist in diesem Winterdunkel
Die Offenbarung eigner Kraft
Der Seele starker Trieb,
In Finsternisse sie zu lenken
Und ahnend vorzufühlen
Durch Herzenswärme Sinnesoffenbarung.

VIERTE JANUAR-WOCHE

Für das Heranwachsen von Kindern ist es außerordentlich wichtig, dass sie Enthusiasmus erleben. Denn nur in der Wärme einer begeisterten Lebensbejahung kommt ihnen von uns Erwachsenen das entgegen, was ihnen das Groß-Werden erstrebenswert erscheinen lässt. Enthusiasmus ist heute sehr selten geworden, statt dessen ist der »coole Typ« das Ideal geworden. Aber ohne Enthusiasmus können wir auf die Dauer nicht leben.
Lernen wir den Jahreslauf als ein lebendiges Hin- und Herschwingen zwischen Sinnes- und Geisterfahrung erleben, dann wird in uns auch wieder das Feuer der Begeisterung entzündet. Denn dieses kommt aus echter Geist-Erfahrung.
Wir gehen von Woche zu Woche durch Stimmungen hindurch. Stimmungen, die zwischen dem Ganz-Innen des tiefen Winters und dem Ganz-Außen des Hochsommers hin- und herschwanken. Indem wir aber in diese objektiven Stimmungen eintauchen, überwinden wir unsere eigenen kleinlichen, subjektiven Schwankungen. Unser Atem wird groß. Das ist Geist-Erfahrung, wie wir sie am Jahreslauf gewinnen können.
Wir erleben, dass die Erde selbst nicht nur ein großes Lebewesen ist, sondern dass sie eine mächtige Seele hat. Sie selbst ist ganz in sich im Winter. Im Sommer aber ist sie an den Kosmos hingegeben. Als ganze Erde hat sie jedoch immer alles gleichzeitig: ewigen Winter an den Polen, ewigen Sommer in den Tropen und die wechselnden Jahreszeiten in den Hemisphären. In der Südhemisphäre hat sie also jetzt gerade Sommer.

Wenn wir uns dies alles anschaulich vorstellen, dann haben wir ein wunderbares Meditationsbild, das uns mit der Erde immer stärker und stärker verbinden kann.

■ In winterlichen Tiefen
Erwarmt des Geistes wahres Sein,
Es gibt dem Weltenscheine
Durch Herzenskräfte Daseinsmächte;
Der Weltenkälte trotzt erstarkend
Das Seelenfeuer im Menscheninnern.

FÜNFTE JANUAR-WOCHE

In dem schönen Buch von Traugott Stackelberg *Geliebtes Sibirien*[8] wird eindrücklich geschildert, was am Ende des mächtigen sibirischen Winters steht. Wenn wie Donnerschläge und Peitschenhiebe krachend der Eisgang auf den riesigen Flüssen beginnt, wenn Eisschollen, so groß wie Häuser, sich übereinander schieben, dann beginnt ein tagelang währendes Faschingsfest. Die Menschen schlüpfen in Masken und Verkleidungen unheimlicher Dämonen, und ein wildes Treiben hebt an. Da sehen wir noch ganz deutlich den Ursprung des Karneval.

Die Menschen erlebten die wilden Naturgeister, die aus dem Winterschlaf erwachen und mit Lust losstürmen. Sie ließen sich eine Zeitlang von ihnen mitreißen, steigerten sie künstlerisch in Tänzen und Gesängen und wurden so wieder frei von ihnen.

In unseren gemäßigten Breiten, in der durch Jahrhunderte menschlicher Kultur gebändigten Natur, ist natürlich nur noch ein Rest solcher Faschingsstimmung vorhanden. Aber auch hier gilt: Die neuerliche Zuwendung zur Sinneserfahrung kann uns nur heilsam sein, wenn wir sie mit unserem Denken durchdringen.

■ Ergreifend neue Sinnesreize
Erfüllet Seelenklarheit,
Eingedenk vollzogner Geistgeburt,
Verwirrend sprossend Weltenwerden
Mit meines Denkens Schöpferwillen.

ERSTE FEBRUAR-WOCHE

Jeder hat es schon einmal erlebt, dass er im Dunkeln vor einem Busch erschrocken ist, weil er dachte, es sei ein Räuber. An diesem Beispiel können wir gut erkennen, dass für die vollständige Wahrnehmung immer zweierlei zusammen kommen muss. Zu dem Sinnesreiz muss der richtige Begriff hinzutreten. Für gewöhnlich geht das blitzschnell, dass wir meinen, wir würden die Begriffe auch gleich mitsehen oder -hören. Erst wenn es langsamer geht, wie beim oben genanntem Beispiel, wird uns deutlich, dass wir bei den einfachsten Wahrnehmungen schon denken.
Unser Denken ist von der gleichen Natur wie das Licht. Das sehen wir einem fragenden Kinderauge an. Können wir einem Kind eine Frage beantworten, so leuchtet es in seinem Auge auf. Und wir sehen das Gedankenlicht mit unseren eigenen Augen. Überhaupt nehmen wir viel mehr Geistiges wahr, als wir meinen. Uns des Geistes, der in der Welt wirkt, bewusst zu werden, das ist die Aufforderung, die das wieder aufsteigende Jahr an uns stellt.

■ Es festigt sich Gedankenmacht
Im Bunde mit der Geistgeburt,
Sie hellt der Sinne dumpfe Reize
Zur vollen Klarheit auf.
Wenn Seelenfülle
Sich mit dem Weltenwerden einen will,
Muss Sinnesoffenbarung
Des Denkens Licht empfangen.

ZWEITE FEBRUAR-WOCHE

Wir sagten schon, dass wir viel mehr Geistiges wahrnehmen, als uns gewöhnlich bewusst wird. Dazu gehören auch die Erinnerungen. Wir können uns das an einem einfachen Beispiel klarmachen:

Sagen wir, wir erinnern uns an einen Baum. Wo sehen wir diesen Baum? Wir haben ihn uns, wie auch schon der Ausdruck besagt, vor-gestellt. Wir sehen ein wach geträumtes Bild unmittelbar vor unserer Augenmitte. Das Bild steht ganz deutlich, ganz real vor uns. Dennoch ist es nichts, was wir greifen könnten. Es ist nicht materiell. Aus welcher Substanz besteht es nun? Es ist die Substanz, die Äther genannt wird. Aus ihr besteht unser Ätherleib, der den physischen Leib aufbaut und belebt. Es sind dieselben Kräfte, mit denen wir einerseits Vorstellungen bilden und die andererseits unser Leben tragen.

Da haben wir einen außerordentlich wichtigen Zusammenhang: Wir bilden Vorstellungen mit denselben Kräften, mit denen wir leben. Das heißt aber, wir können unsere Lebenskräfte stärken, dadurch, dass wir die Erinnerungskräfte pflegen.

Ich kannte einen alten Menschen, der seine Depression dadurch überwand, dass er Gedichte auswendig lernte. Er sagte sich: Die Depression kommt daher, dass die Seele zu hart am alt und schwach gewordenen Körper anstößt. Ich will meine Lebenskräfte durch Gedichtelernen stärken. Die Depression, mit der er schon Wochen im Krankenhaus zugebracht hatte, verließ ihn.

Vieles könnten wir uns ersparen im Leben, wenn wir nicht so vergesslich wären. Wir vergessen einfach zu oft, was wir uns vor-

genommen haben. Wir vergessen, was wir aus früheren Erfahrungen längst gelernt haben. Dann machen wir die gleiche Dummheit noch einmal. Vor allem vergessen wir so leicht die zarten Erfahrungen des Geistes.
So steht in der zweiten Februar-Hälfte die Mahnung vor uns, die Erinnerung an die Erfahrungen der Innerlichkeit des Winters zu pflegen.

■ Die Welt, sie drohet zu betäuben
Der Seele eingebor'ne Kraft;
Nun trete du, Erinnerung,
Aus Geistestiefen leuchtend auf
Und stärke mir das Schauen,
Das nur durch Willenskräfte
Sich selbst erhalten kann.

DRITTE FEBRUAR-WOCHE

In diesen Betrachtungen war schon oft vom Denken die Rede. Manchem ist das vielleicht ungemütlich, weil »Denken« immer gleich den Geruch des Anstrengenden mit sich bringt. Aber das ganze Menschenwesen ist schon in leiblicher Hinsicht auf das Denken ausgerichtet.

Man mache sich bewusst, wie ein Huhn mit dem Kopf wackelt bei jedem Schritt. Wie im wedelnden Schwanz des Hundes gewissermaßen noch die Mimik seines Gesichtes spielt. Wie bei allen Tieren der Kopf nach vorne hängt. Dann wird einem deutlich, welch einzigartige Bedeutung das ruhende Haupt des Menschen hat.

Es gibt uns die Möglichkeit, in die Ruhe des Denkens zu kommen. Das aber ist eine starke Kraft. Es ist die Kraft, die uns immer wieder aufrichtet in den Stürmen des Lebens. Sie gibt uns die Möglichkeit, Zusammenhänge zu finden. Wir verstehen, wie das eine mit dem anderen zusammenhängt. Das nennen wir »Erkennen«.

Es ist ein großer Schaden, dass das Erkennen als Gegensatz des Glaubens aufgefasst wird. Dabei sind die beiden Fähigkeiten geschwisterlich verbunden. Wenn wir einen Zusammenhang erkennen, kommt es darauf an, ihn auch anzuerkennen und uns danach zu richten. Das aber ist Glauben. Nur glauben wir zu sehr an Autoritäten und zu wenig dem eigenen Erkennen. Und wie vieles will uns seine Meinung aufzwingen!

Ein inniges Mitleben mit dem Jahreslauf macht uns auch in dieser Hinsicht stärker. Wir erstarken in unserer Gedankenkraft und befreien uns langsam von Autoritäten.

■ Es will erstehen aus dem Weltenschoße,
Den Sinnenschein erquickend, Werdelust.
Sie finde meines Denkens Kraft
Gerüstet durch die Gotteskräfte,
Die kräftig mir im Innern leben.

VIERTE FEBRUAR-WOCHE

Die Meditationssprüche Rudolf Steiners zum Miterleben des Jahreslaufes können wir auch wie eine Sammlung moderner Gebete nehmen. Gebete, die wir an den Weltgeist richten, um uns mit ihm zu verbinden.

Die höchste Offenbarung des Weltgeistes ist das Licht. Wir sind so selbstverständlich von ihm umgeben, dass wir es kaum bemerken. Dabei ist es ein einziges Wunder.

Wir meinen, wir sähen das Licht. Dabei sehen wir nur beleuchtete Gegenstände. Das Licht selbst ist übersinnlicher Natur, ist unsichtbar. Das können wir uns sogar in einem Experiment beweisen. Wenn wir in einem finsteren Raum sind, in den nur ein kleines Loch in der Wand Licht hereinfallen lässt, sehen wir nur den erhellten Fleck auf dem Fußboden. Den Lichtstrahl dazwischen sehen wir nicht, es sei denn, Staub, Rauch oder sonst etwas stellt sich ihm in seinen Weg.

In der keltischen Kultur, die über ganz Europa bis nach Vorderasien verbreitet war, lebte man intensiv mit der geistigen Natur des Lichtes. Von daher verstehen wir den Sinn der großen Steinsetzungen. Durch sie hielt man das Licht auf, um im Schatten sich seiner Geistigkeit bewusst zu werden. Man empfing aus dem Licht Botschaften aus der himmlischen Welt, durch die dann das Leben geregelt wurde.

Im Schöpfungsbericht des Alten Testamentes heißt es: »Und Gott sprach: Es werde Licht!« In seinem Sprechen äußerte er das, was in ihm ist: Licht. So kann uns das Licht eine Offenbarung Gottes werden.

■ Im Lichte, das aus Weltenhöhen
Der Seele machtvoll fließen will,
Erscheine, lösend Seelenrätsel,
Des Weltendenkens Sicherheit
Versammelnd seiner Strahlen Macht,
Im Menschenherzen Liebe weckend.

ERSTE MÄRZ-WOCHE

Die Erde macht in diesen Wochen eine große Wiedererkraftung durch. Die kosmischen Lebenskräfte kehren mit dem wachsenden Licht wieder. Vom Mars her hat der März seinen Namen. Denn in Rom wurden Anfang März die Tore des Mars-Tempels nach der Winterpause wieder geöffnet. Das hieß, man durfte endlich wieder in den Krieg ziehen.

Der Marsmonat bedeutet heute nicht mehr Kriegsbereitschaft. Leben wir doch in einer Zeit, in der äußere Kriege alle Berechtigung verloren haben. Dennoch ist die Marskraft auch heute eine kostbare Fähigkeit. Nur sollten wir sie vornehmlich gegen uns selbst einsetzen. Wir brauchen innere Durchschlagskraft der Gedanken, um mit unserer Trägheit und Bequemlichkeit fertig zu werden. Gerade im beginnenden Frühjahr spüren wir ja besonders stark, wie die Glieder schwer werden, der Leib uns träge macht.

Woher kommt die sogenannte Frühjahrsmüdigkeit? Sie kommt daher, dass die Erde einschläft. Denn Sommerhalbjahr heißt: Schlaf der Erde. Winter heißt: Wachheit der Erde. Wir brauchen die innere Beziehung zur Wachheit des Winters, um den wachsenden Tag in rechter Weise empfangen zu können.

■ Ich fühle Kraft des Weltenseins:
So spricht Gedankenklarheit,
Gedenkend eignen Geistes Wachsen
In finstern Weltennächten,
Und neigt dem nahen Weltentage
Des Innern Hoffnungsstrahlen.

ZWEITE MÄRZ-WOCHE

Das Mitleben mit den Stimmungen des Jahreslaufes kann unsere Sinne dafür öffnen, die Welt wieder als sprechend zu erleben. Gerade im aufsteigenden Frühjahr wird dieses Sprechen besonders deutlich vernehmbar. In der Qualität des Sonnenlichtes, in dem aufsprießenden Grün der ersten Pflanzen, im Himmelblau - von überall tönt es an unsere Herzen.

Lange genug haben wir uns verschlossen. Jetzt sollen wir uns, die Schönheit bewundernd, öffnen. Und wenn wir zum Beispiel einer Tulpe gegenüber nur die Frage stellen: Woher bekommt sie diese wunderbare Farbe in ihre Blüte? Und bei dieser Frage verweilen, uns nicht mit einer Antwort wieder verschließen. Dann bemerken wir, wie gerade Fragen, einfache Fragen die Schlüssel sind, die unsere Sinne und Herzen wieder öffnen können.

Kinder sind voller Fragen, weil sie noch offen sind. Wir Erwachsenen lernen uns zu öffnen, indem wir Fragen stellen.

Eine solche Frage kann diese sein: Bedeutet es etwas für die Blume, wenn sie mit mir in ein Zwiegespräch kommt?

Der Wochenspruch gibt eine Antwort darauf, die Frage freilich nur noch unendlich vergrößernd:

■ Es spricht zum Menschen-Ich,
Sich machtvoll offenbarend
Und seines Wesens Kräfte lösend,
Des Weltendaseins Werdelust:
In dich mein Leben tragend
Aus seinem Zauberbanne
Erreiche ich mein wahres Ziel.

FRÜHLING-ERWARTUNG

Im tiefen Gespräch mit einem Freund kann es geschehen, dass wir eigene Gedanken erst richtig verstehen, uns selber so recht finden. Unser Verhältnis zur Welt um uns herum soll eine echte, tiefe Freundschaft werden. Freundschaft beginnt immer mit dem Interesse, das man füreinander aufbringt. Wer sich für Blumen interessiert, wird große Freude haben, ihnen jetzt wiederzubegegnen. Oder wer sein Interesse den Sternen zugewandt hat, wird treue Freunde haben.
Da ist zum Beispiel der Ort in der Milchstraße, wo der Schwan dem Adler begegnet. Wir können uns die Vorstellung bilden, wie der Zug der Verstorbenen dem Zug der Ungeborenen begegnet. Und das mit diesen Bildern von Adler und Schwan zusammenbringen. Wir werden sehen, wie sprechend ein solcher Himmelsort wird. Und welche Freude, wenn wir nach langer Pause ein Sternbild wiedersehen! Treue Freunde am Himmel, die uns überall begleiten, gleich an welchem Ort auf der Erde wir uns aufhalten.
Zu einem immer reicher werdenden Zwiegespräch mit dem Weltgeist will uns der folgende Spruch *Frühling-Erwartung* anregen:

■ Ins Innere des Menschenwesens
Ergießt der Sinne Reichtum sich,
Es findet sich der Weltengeist
Im Spiegelbild des Menschenauges,
Das seine Kraft aus ihm
Sich neu erschaffen muss.

KARWOCHE

Der Spruch der Vorosterwoche ist zu dem Spruch der Osterwoche spiegelbildlich aufgebaut. An ihm sehen wir besonders deutlich, dass der *Seelenkalender* nur indirekt mit dem Kreislauf der christlichen Feste zusammenhängt. Von daher wird verständlich, dass Rudolf Steiner auf Anfrage riet, die Reihenfolge auf der Süd-Erde umzudrehen, also zu Michaeli mit der Osterwoche zu beginnen.

Es geht bei dem *Seelenkalender* eben um eine Anregung, mit dem Atem der Erde mitzuschwingen. Und dieser ist polar. Wenn auf der Süd-Erde Ausatmung ist (Sommer), herrscht im Norden Einatmung (Winter). Die christlichen Feste aber sind für die ganze Erde einheitlich. Weihnachten kann im Winter wie im Sommer sein. Das ist im Wesentlichen eine Frage der Gewöhnung.

Der jahreszeitliche Aspekt der christlichen Feste ist ein seelischer. Im seelischen Leben gilt aber immer das Gesetz der Polarität, die erst in ihrem Zusammenwirken das Ganze ergibt. Der *geistige* Aspekt liegt darüber. Ihn können wir in der Sternenschrift ablesen. Weihnachten ist für die ganze Erde im Zeichen des Steinbockes, Johanni im Zeichen des Sternbildes Krebs. Zu Michaeli steht die Sonne im Zeichen der Waage, dem Attribut des Erzengels Michael. Und die Ostersonne leuchtet aus dem Widderzeichen. Das einjährige, makellose Widderlamm wurde zu Passah geopfert. Das Lamm Gottes, Christus, erfüllt dieses Opfer in seiner Selbsthingabe. Es ist unser Lebensquell aus Himmelsfernen, der sich seither dem Suchenden darbietet.

Es ist in unserer Zeit sicher von Bedeutung, dass wir ein Bewusstsein für den ganzen Planeten entwickeln. Das geschieht aber am intensivsten, wenn wir die christlichen Feste wirklich geistig feiern lernen.

■ Wenn aus den Seelentiefen
Der Geist sich wendet zu dem Weltensein
Und Schönheit quillt aus Raumesweiten,
Dann zieht aus Himmelsfernen
Des Lebens Kraft in Menschenleiber
Und einet, machtvoll wirkend,
Des Geistes Wesen mit dem Menschensein.

NACHBEMERKUNG

Dieses Buch ist eigentlich eine Danksagung. Eine Danksagung an den Seelenkalender Rudolf Steiners und die große Kraft, die in diesen Sprüchen steckt. Sie haben mantrischen Charakter, das heißt es kommt auf die Abfolge der Laute an. Wie das zu verstehen ist, soll folgendes Erlebnis verdeutlichen.

Am 9. August 1969 kam ich, durch einen Autounfall mehr tot als lebendig, ins Krankenhaus Ulm. Es war Samstag. Heute waren fünf Unfälle hereingekommen. Die Ärzte hatten alle Hände voll zu tun. Nach einer Notoperation erwachte ich in der Intensivstation.

In dieser ersten Nacht war die Hölle los. In dem Raum betete eine Frau unentwegt das Ave-Maria mit irrer Stimme. Sie war mit einer Gehirnquetschung eingeliefert worden. Ihr irres Beten wurde kontrapunktiert durch einen österreichischen Lastwagenfahrer, der mit lauter, roher Stimme die übelsten Flüche ausstieß. Irgendwann mischte sich noch das Schimpfen des Oberarztes mit hinein, der die Schwestern tadelte, sie hätten dem Fluchkerl nicht genug Valium gegeben. Schließlich sprang er selber zu ihm aufs Bett und spritzte ihm Valium, um ihn ruhigzustellen.

Zu der äußeren Hölle kam eine nicht weniger dramatische innere. Immer wieder versank ich in Schwebezustände, in denen wildeste Alpträume mit schrecklichen Dämonen auf mich einstürzten.

Am nächsten Morgen gelang es mir, den Arzt davon zu überzeugen, mir kein Valium mehr zu geben. Und bald entdeckte ich ein besonderes Arzneimittel. Ich hatte in diesem Jahr begonnen, mit dem Seelenkalender zu leben. Nun fing ich an, mir den Spruch der

Woche innerlich herzusagen. »Kann ich die Seele weiten ...« Da geschah etwas Großartiges. Jeder Konsonant kam von hinten her als ein gewaltig tönendes Wesen. Die Vokale stiegen aus mir auf und wurden von den Konsonanten mitgenommen. Jedes Wort dauerte eine ganze Zeit. Ich musste selbst etwas tun, um die Laute hervorzubringen, dann aber entfalteten sie ihr eigenes Leben. Nur mit den Lauten »g« und »k« ging es nicht. Alle anderen Laute offenbarten ihre innere Kraft. Nach jedem Durchgang durch den Spruch fühlte ich eine gesundende Wirkung. Aus den Lauten strömten unmittelbar Lebenskräfte.

Schon bald brachten die Ärzte ihr Erstaunen darüber zum Ausdruck, wie schnell die Genesung voranschritt. Ich machte Versuche, ob dieses intensive Lauterleben sich auch bei bestimmten Gedichten einstellen würde. Es war nicht der Fall. Beim Text des Glaubensbekenntnisses und beim Vaterunser ging es auch, aber am intensivsten war das Erleben bei den Sprüchen des Seelenkalenders.

Auch bei einer späteren Gelegenheit kam mir das Lauterleben zu Hilfe. Mein Gesicht war sehr entstellt. Der Kieferchirurg tüftelte lange, wie er meinen ausgesprengten, nur noch im Fleisch hängenden Oberkiefer wieder an Ort und Stelle bringen könnte. Schließlich kam er zu dem Ergebnis, mir den Kopf kahl zu rasieren und einen Gipsdeckel aufzusetzen. An diesem wurde vor dem Gesicht eine Konstruktion befestigt, an der der Kiefer nach vorn gezogen werden konnte. Um aber den Kiefer zu befestigen, musste er um die einzelnen Zähne Drähte schlingen und festzurren. Er wollte mir keine Betäubungsspritze geben; dafür sei mein Kreislauf zu schwach. So bat er um Geduld und Ausdauer. Das war leicht gesagt, aber schwer getan, denn die Schmerzen waren enorm. Da erinnerte ich ein Wahrspruchwort Rudolf Steiners, das mir zur Rettung wurde:

■ Im Herzen
Lebt ein Menschenglied,
Das von allen
Stoff enthält,
Der am meisten geistig ist;
Das von allen
Geistig lebt
In der Art, die am meisten
Stofflich sich offenbart.
Daher ist Sonne
Im Menschen-Weltall
Das Herz;
Daher ist im Herzen
Der Mensch
Am meisten
In seines Wesens

Tiefstem Quell.[9]

Wenn ich zu den Worten kam: »Daher ist Sonne ...«, wurde ich jedes Mal bei dem Wort »Sonne« von einer warmen Glut durchströmt, die alle Schmerzen übertönte. Ich wiederholte den Spruch immer wieder, bis die Prozedur vorüber war. Der Doktor lobte mich überschwänglich für meine Tapferkeit. So etwas hätte er noch nie erlebt. Leider konnte ich ihm nichts erklären, ich war ja intubiert und konnte nicht sprechen. Vielleicht wäre es ihm auch etwas seltsam vorgekommen ...

ANMERKUNGEN

1 Vgl. Rudolf Steiner, Vorwort zur 2. Ausgabe des Seelenkalenders im Jahre 1918.

2 »Liebe deinen Nächsten *als* dich selbst.« - Die Übersetzung mit »als«, statt mit »wie« folgt Rudolf Steiner. Vgl. den Zyklus *Christus und die menschliche Seele,* GA 155, Dornach [3]1994, S. 157.

3 Vgl. Kofi Edusei, *Für uns ist Religion die Erde, auf der wir leben,* Stuttgart [2]1995.

4 Marie Luise Kaschnitz, *Wohin denn ich?,* Hamburg 1963, S. 40.

5 George Ritchie, Elizabeth Sherrill, *Rückkehr von Morgen,* Marburg [37]2007.

6 Mir ist nur ein Kalender bekannt, der noch mit dem Sonntag die Woche beginnt: der Taschenkalender vom Verlag Urachhaus.

7 Vgl. zur Vorschau auf ein künftiges Leben z. B. Rudolf Steiner, *Grundelemente der Esoterik,* GA 93a, Dornach [3]1987, Vortrag vom 18.10.1905, S. 158f.

8 Traugott Stackelberg, *Geliebtes Sibirien,* Pfullingen 1951.

9 Rudolf Steiner, *Wahrspruchworte,* GA 40, Dornach [7]1991, S. 268.

Der Text der Hinführungen folgt der neuen Rechtschreibung, der des *Anthroposophischen Seelenkalenders* dem Abdruck in: Rudolf Steiner, *Wahrspruchworte,* GA 40, Dornach ^{8}1998.

Der Abdruck der Wochensprüche Rudolf Steiners erfolgt mit freundlicher Genehmigung der Rudolf-Steiner-Nachlassverwaltung, Dornach.

DIETER HORNEMANN wurde 1946 in Hannover geboren. Nach dem Besuch des Priesterseminars war er in zahlreichen Gemeinden tätig, zuletzt in Prien/Chiemsee. Hornemann ist mit der Malerin Dorothea Hornemann verheiratet und Vater von sechs Kindern.

DIETER HORNEMANN

NICHT ICH ...

120 Seiten, gebunden
ISBN 978-3-8251-5204-8

»Nichts hat der Mensch heute nötiger, als dass er lernt, sich wieder über den Alltag zu erheben – dass er lernt, Feste zu feiern und wirkliche Sonnentage in sein Leben einzuflechten.«
Rittelmeyers zeitlose Betrachtungen zu den Jahres- und den Festeszeiten eignen sich zur eigenen Lektüre wie auch zum gemeinsamen Erarbeiten in Gruppen.

URACHHAUS

FRIEDRICH RITTELMEYER

MEDITATION

251 Seiten, Klappenbroschur
ISBN 978-3-8251-5160-7

In 12 Briefen beschreibt Friedrich Rittelmeyer einen individuell entwickelten Weg der Meditation. Ausgehend von der bildhaften Sprache des Johannesevangeliums sowie von Anregungen Rudolf Steiners stellt dieses Übungsbuch eine der Grundlagen der anthroposophischen Literatur dar.

URACHHAUS